UNKNOWN
RICH

언노운
리치

보 이 지 않 는 부 의 메 커 니 즘

UNKNOWN RICH

언노운 리치

체제를 통찰하면
자본을 지배한다

가시적 성공은
속임수일 뿐이다

지식의 결핍은
억단위의 손실이다

제유종 지음

휴앤스토리

프롤로그

자본주의는 구조다

자본주의 시스템은 지난 100년간 수많은 사람을 부자로 만들었다. 하지만 이 시스템에 관한 교육을 받지 못한 대다수는 은행이 돈을 보관하기 가장 안전한 곳이라고 믿으며 일평생 자기 돈을 은행에 위탁하거나 도박에 가까운 투자로 평생 일궈온 저축을 잃어버린다.

자본주의 시스템은 매우 냉정하다. 시스템을 잘 아는 소수가 시스템을 모르는 이들의 돈을 이용해 자기 배를 채우거나 빼앗는다. 돈을 순환시키는 자본주의 시스템은 논리적 구조를 가진 거대한 공장이라고 할 수 있다. 노동을 통해 돈을 생산하는 노동자, 노동자들을 이용해 더 큰 돈을 벌어들이는 자본가, 그리고 돈을 찍어내는 국가. 여기에 톱니바퀴들을 돌아가게 하는 인간의 본능까지. 이 모든 것이 맞물려 자본주의 시스템을 구축하고 유지한다.

금융기관은 편의와 다양한 서비스를 제공하지만, 기관 입장에선 신뢰를 팔아 당신의 돈을 유치한 후 그 자본을 이용해 막대한 이익을 남기는 것을 우선시할 뿐, 당신 돈의 가치를 지켜주지는 않는다. 금융기관은 자선사업체가 아니기에 그들에겐 그럴 의무도 없다. 결국 자기 돈을 지킬 수 있는 사람은 자신뿐이다.

자본주의와 금융 시스템에 대한 무지와 무관심은 최소 수억 원에서 수십억 원 이상의 기회비용을 발생시킨다. 평균적으로 사람은 최소 50년 이상 돈을 저축한다. 그리고 그 방법을 달리함에 따라 개인은 다른 인생을 살게 된다.

예를 들어 매월 50만 원을 50년간 은행 장기 평균 금리인 약 2.9%에 복리로 저축하게 되면 7억 원이 조금 안 되게 모인다. 하지만 같은 금액을 같은 미국 증권지수의 연평균 수익률인 10%로 저축하게 되면 그 10배인 약 70억 원으로 불어난다. 단 7%의 차이가 10배의 차이를 만들어 낸다.

믿기 힘들 수도 있겠지만 우리가 살고 있는 자본주의 시스템의 구조가 그렇다. 인간은 이런 구조 아래에서 수백년이 넘도록 살아왔지만, 아직도 이 사실을 모르는 인구가 압도적으로 많다. 이는 기초 교육시스템이 자본주의의 진실을 배제했기 때문이다.

그러므로 스스로 관심을 기울이지 않는다면 알 수가 없다. 초등, 중등, 고등 교육기관 중 그 어디에서도 자본주의 구조에 대해 설명하거나 가르쳐 주지 않는다. 그보다 어떻게 하면 훌륭한 자본주의 시스템의 노동력이 될 수 있는지를 세뇌한다. 교육시스템의 일차적 존재 목적은 사회 구조를 지탱시킬 수 있는 인력을 양산하는 것이기 때문이다. 스스로 돈과 이 돈이 굴러가는 시스템에 대해 관심을 갖지 않으면 그 누구도 이에 대한 지식과 정보를 떠먹여 주지 않는다.

물론 인터넷상에서 다양한 정보가 만연한 요즘에는 조금만 관심을 가져도 이 책이 담아낸 내용의 파편들이 조립되지 않은 레고처럼 쏟아져 나온다. 하지만 책도 한 권만 읽은 놈이 무섭다고, 핵심이 되는 정보와 지식을 취합해 올바른 사고방식을 만들어 내지 않으면 도리어 옅게 얻은 지식이 자신의 발등을 찍는다.

나는 이미 성공을 이뤄낸 사람들의 조언과 사고방식을 배우고 적용하는 것을 좋아한다. 워렌 버핏, 피터 린치, 레이 달리오 등 전설이라 칭송받는 사람들이 끊임없이 대중들을 위해 조언을 건넨다.

하지만 자본주의 구조에 대한 기본적인 이해 없이 그들이 전달하는 메시지와 거기에 담긴 그들의 인사이트를 100% 이해하는 것은 쉽지 않다. 또한 인간은 자신이 이해하지 못하는 정보는 그 가치를 막론하고 한 귀로 듣고 한 귀로 흘리게 마련이다.

그래서 대중은 아무리 값진 인사이트를 듣더라도 이해하고 적용하지 못한다. 곱셈과 나눗셈도 하지 못하는 사람이 방정식을 풀 수는 없으니까. 하지만 방정식은 수학에 젬병인 나에게도 그다지 어렵지 않다. 자본주의 구조를 이용해 돈을 벌기 위해선 딱 방정식을 풀 수 있을 정도의 이해력만 있으면 된다. 미국 월가에는 방정식을 뛰어넘어 미적분에 통달한 천재들이 많지만, 그런 높은 수준의 지식은 높은 연봉을 주는 직업을 갖는 데에는 도움이 될지 몰라도 자본주의를 이용해 돈을 버는 데에는 오히려 독이 될 수도 있다고 워렌 버핏이 거론한 적 있다. 중요한 것은 뛰어난 두뇌가 아니라 이 합리적이고 논리적인 구조를 가진 자본주의 시스템을 이해하는 것이다.

자본주의 시스템의 구조를 깨닫고 이용하는 사람들은 상상 이상의 불로소득을 벌어들이며 자유로운 삶을 즐긴다. 반면 사회가 주입한 노동자의 사고방식을 고수하며 살아온 이들은 짧아진 정년을 걱정하고 1년이라도 더 일하기 위해 윗사람에게 마음에도 없는 아부를 떨며 자본주의 공장의 톱니바퀴로 살아간다. 심지어 그들이 높은 소득과 대중의 선망을 받는 전문직 종사자들이라고 할지라도 말이다.

노동자나 금융기관을 폄하하거나 오래 일하는 것이 나쁘다고 말하려는 것은 아니다. 일을 하더라도 경제적 자유를 얻은 상태에서 하는 것이 백번 낫고, 금융기관에 일방적으로 이용당하는 것보다 그들과 협력해서 공동이익을 누리는 편이 낫다.

자본주의 사회에서 자본주의의 구조를 모른 채 그저 노동자의 역할을 자처하며 살고 있다면, 당신이 일생을 바쳐 벌어들인 돈은 필시 자본주의 시스템에 의해 서서히 소멸할 것이다. 난 이 책을 통해 당신의 것을 지키는 데 필요한 모든 것을 이야기하려 한다.

화폐의 비밀, 은행이 돈을 버는 방법, 돈에 대한 착각, 자본시장의 구조, 인간의 욕망과 심리, 부자들의 사고방식, 지속가능성이 결합된 자산운용기술 등 자본주의 게임에서 승리하기 위해 알아야 하는 핵심지식을 압축해 누구나 쉽게 이해할 수 있도록 풀어썼다.

게임의 규칙을 모른 채로 게임에 임하는 것이 어리석은 행동이라는 것은 누구나 알고 있지만, 자본주의 사회에서 살면서 자본주의 시스템에 대해 무관심한 사람이 대다수라는 사실에 대해선 그다지 경각심을 갖지 못한다.

당신이 규칙과 구조도 알지 못한 채 노동자로서 자본주의 게임을 하고 있었다면, 이제는 자본가로 살아갈 시간이다. 규칙을 꿰고 있는 사람들은 구조를 이용해 이익을 취하지만, 규칙을 모르는 이는 쉽게 속고 빼앗기며 이용당한다.

구조에 대한 이해의 중요성

자본주의 시스템을 이용해 돈을 벌어들이는 데에 있어 최우선으로 요구되는 것은 시스템에 대한 믿음이다. 어떤 방법으로 돈을 벌건 그 선택에 대한 믿음이 없다면 금방 포기하거나 역경 앞에 항복하게 된다.

구조에 대한 이해는 어떠한 선택을 내리는 데에 필요한 믿음을 준다. 예를 들어, 사람이 긴 시간 동안 거액의 비용과 노력을 들여 공부를 하는 이유는 그에 대한 보상이 따라올 것이라는 교육체계와 사회적 구조에 대한 믿음 때문이다.

구조에 대한 이해와 믿음은 자본주의 체계안에서도 똑같이 적용된다. 누군가 한평생 적금만을 고집했다면 이는 이자를 제공하는 금융상품의 구조에 대한 맹목적인 믿음이 있기 때문이다. 그러나 예금이라는 금융상품 또한 절대적이지는 않다. 여러 은행들은 파산 후 고객의 예금을 지급하지 못한 과거 이력이 있다.

인간은 원초적으로 친숙한 것들을 쉽게 믿는 습성이 있다. 초등교육이나 은행의 예금 상품은 생각하거나 노력하지 않아도 우리 곁에 존재하기 때문에 원하든 원하지 않든 쉽게 접하며 믿게 된다. 하지만 자본주의 구조에 대해서 생각해 보거나 이에 대한 믿음을 얻게 될 기회는 생각보다 쉽게 다가오지 않는다. 우리가 자본주의 사회 안에서 살아가고 있음에도 말이다.

　자본주의 체계 안에서 자본을 효율적으로 저장하고 운용하는 사람들을 우리는 '부자' 혹은 '자본가'라고 부른다. 반대로 자본주의 시스템과 금융구조를 이해하지 못한 채 자본에너지를 낭비하며 살아가는 사람들을 '노동자'라고 부른다.

　초중고 교육과정에 자본주의의 작동 원리나 돈에 대한 내용은 포함되어 있지 않다. 이러한 이유로 많은 사람들이 증권시장에 대한 의구심을 품거나 투자 리스크를 도박의 확률쯤으로 오인한다. 흥미로운 사실 하나를 이야기하자면, 재무 관련 학위와 투자자문 자격증을 소유한 상당수의 금융권 실무자마저도 회사로부터 교육받은 내용 정도를 앵무새처럼 읊어댈 뿐 실제로 자본주의 시스템이 어떻게 작동하는지 잘 알지 못한다. 은행에 찾아가서 왜 반드시 투자를 해야만 하는지 묻는다면 대부분 금융상품의 수익률에 대해서나 읊어댈 것이다.

　그러나 그들을 탓할 수는 없다. 그들도 그저 시스템이 정해놓은 기준에 따라 필요한 스펙을 취득하고 이를 이용해 그들의 고용주인 은행에 고용되어 고용주의 요구에 따라 금융상품을 판매하기 바쁜 것뿐이다. 이러한 이유로 금융권에서는 고객이 금전적 손실을 보고 책임소재를 묻는 분쟁 등의 사건·사고가 다발적으로 일어나기도 한다.

　누군가에게 의탁하는 것이 아니라 스스로 자본주의 구조를 이해하고 자본가로서의 사고방식을 가지게 된다면 당신은 필연적으로 부자가 될 것이다. 우리가 잘 아는 워런 버핏이나 피터 린치 같은 전설적인 투자자들의 조언에는 수십 년간의 경험과 시행착오가 묻어있다. 하지만 대다수 사람들은 그들이 던지는 짧은 조언이 내포하는 '서브텍스트 Subtext'(겉으로 드러나지 않는 숨겨진 의미나 메시지)를 이해하지 못해 그 값진 조언들을 1차원적으로 해석하며 당연시하거나 무시한다.

이 책을 읽는 독자들은 이 책의 내용을 통해 그 서브텍스트를 완벽히 이해하고 이용하여 자본주의 사회에서 상위 계층인 자본가로서 살아가게 되길 바란다. 자본가 계층은 단순한 계급적 우위가 아닌 삶의 안정, 자유, 윤택한 노후, 행복한 가정, 마음의 평안 등 많은 가치를 내포한다.

대부분의 사람들은 이 간단명료한 자본주의 구조를 알지 못해 부자가 되지 못한다.

투자로 실패하는 사람들은 단기간에 부자가 되려고 하기 때문에 부자가 되지 못한다.

부자가 되는 공식이 존재한다는 사실은 이미 여러 유명인사들에 의해 간증되었다. 『부자 아빠 가난한 아빠』, 『부의 추월차선』, 『돈의 법칙』에서 말하는 내용들이나 워런 버핏과 피터 린치의 연설에서 찾을 수 있는 공통적인 내용들 말이다. 하지만 한국의 문화와 교육시스템 그리고 금융구조 아래에 있는 한국인들이 받아들이기에는 한국과 북미권의 경제·금융 구조가 다르기 때문에 다소 막연하며, 행동으로 옮기기에는 설득력이 다소 떨어진다. 그렇기에 대한민국 국민이 쉽게 이해할 수 있도록 자본주의 경제·금융 구조, 인간의 본능, 투자, 그리고 부자의 사고방식을 관통하는 핵심적인 이야기를 이 책에 담았다.

큰그림

근로소득을 높이기 위해선 뼈를 깎는 노력과 금전적·시간적 투자가 요구되지만, 투자를 통한 불로소득을 높이기 위해선 자본주의 구조에 대한 이해와 꾸준한 습관만 있으면 된다.

경험적 통계상 북미권에 있는 대다수의 개인들은 보통 만 18세부터 90세까지 투자를 한다. 대략 일평생 70년이 넘는 시간 동안 저축 또는 투자를 하는 셈이다. 약 18세부터 25세까지는 소액이지만 공격적으로 저축투자를 하고, 소득이 생기는 25세부터는 저축투자액이 급격히 늘어나 평균 35~40세 사이에 모아둔 저축에 대출을 받아 내 집 마련을 하는 것이 일반적이다. 이후 평균 은퇴연령인 65세까지도 공격적으로 투자를 지속하며 은퇴시기가 가까워질수록 서서히 리스크를 줄인다. 은퇴 이후엔 개인의 소비패턴에 따라 연금 포트폴리오를 구축해 연금식으로 매월 필요한 액수만큼 수령한다.

자본주의 구조를 잘 활용한 클라이언트의 사례가 있다. 내가 일하던 기관의 고객이었던 S 씨는 만 69세의 나이에 거주하던 집을 약 140만 불인 14억 원에 매각하고 간호 및 의료서비스를 제공하는 요양원으로 이사했다. 이 클라이언트는 금수저도, 고소득 전문직도 아닌 평범의 범주에 속했다. S 씨는 요양원 비용과 기타 지출을 위해 매달 9,000불인 900만 원을 필요로 했다. 월900만 원은 연간 약 1억 800만 원이므로, 집 판 돈을 현금을 쌓아두고 쓰거나, 당시 1~2%대 금리를 오가던 예금에 의존했더라면 15년도 못 가 저축을 모두 소진하고 가난하게 죽음을 맞이하게 될 것이 자명했다. 고객은 집까지 매각한 상황에서 높은 리스크를 감당할 수는 없었으며, 그렇다고 해서 리스크를 전혀 지지 않을 수도 없었다. 결론적으로는 고객의 니즈를 충족하기 위해 연 6%의 수익률을 목표로 하는 연금 포트폴리오를 구축하여 고객에게 필요한 월 900만 원이 연금처럼 나올 수 있게끔 솔루션을 제공했다.

이 고객은 원금을 소진하지 않고도 매월 900만 원을 소비하며 걱정 없는 노후를 보낸다. 흥미로운 점은 이 고객이 저축을 많이 한 것도, 엄청난 유산을 상속받은 행운아도 아니라는 점이다. 그저 소득의 일부를 꾸준히 자본주의 시스템에 투자해 그 자산의 가치가 14억 원으로 당연스레 불어났고, 그 자산이 또다시 자본주의 구조의 수혜를 받아 노후를 책임져 줄 뿐이다.

대부분의 사람들은 은퇴를 위해 매달 얼마를 얼마만큼의 기간 동안 저축해야 하는지 알지 못한 채 중~노년기를 맞이한다. 안타깝게도 흘려보낸 시간은 되돌아오지 않으며, 준비되지 않은 이들의 노년은 고난이 함께한다.

자신의 미래를 위해선 얼마를 어떻게 얼마만큼의 시간 동안 저축해야 할까?

매달 100만 원을 30년간 연 10% 수익이 나는 대상에 투자하면 대략 20억 원이 된다. 이를 추가로 20년 더 지속하면 약 140억 원이 된다. 복리를 통해 연간 평균 10%의 수익을 지속적으로 제공할 수 있는 투자 대상을 찾아 꾸준히 저축만 한다면 누구나 부자가 될 수 있다는 뜻이다. 여기엔 어떠한 육체적 노동도 필요치 않다. 꾸준한 습관으로 올바른 대상에 돈을 저축하기만 하면 된다.

　사람들은 항상 벼락부자를 꿈꾸며 나를 단숨에 부자로 만들어줄 주식이나 투자상품이 나타나길 기다린다. 그러나 그들이 꿈꾸는 것들은 허상에 가깝다. 보상과 리스크의 상관성을 이해한다면 우리를 벼락부자로 만들 수 있는 것은 벼락거지로 만들 수도 있다는 사실을 이해할 것이다. 부자가 되기 위해 가장 중요한 것은 돈과 자본주의 시장의 구조적 맥락을 이해하는 것이다. 구조를 파악하고 나면 어떤 결정을 내려야 하는지 명확해진다. 사람들은 자신들을 부자로 만들어줄 주식의 이름만을 원하지만, 그런 건 존재하지 않는다고 생각하는 편이 더 유리하다.

　자본주의 게임에서 승리하기 위한 요건은 간단하다. 구조가 뒷받침하는 지속가능한 대상에 꾸준히 투자만 하면 필연적으로 부자가 된다. 하지만, 이 간단한 룰을 대다수의 사람들이 지키지 못한다. 벼락부자의 꿈이 그들로 하여금 고위험 자산에 투자해 일평생 쌓아온 자산을 한순간에 날리거나, 또는 반대의 경우 은행이 주는 이자만 받아먹으며 자본주의 시스템에 이용당한다.

　자본주의와 돈에 대해 얼마나 알고 있나?
　부자가 되는 공식을 누군가가 알려준다고 해서 이를 그대로 이행할 사람은 거의 없다. 단순히 공식을 알고 있다고 해서 복잡한 수학문제를 풀 수 없는 것처럼 해답을 얻기 위해선 공식의 구조에 대한 이해가 필요하다. '무엇'이나 '어떻게'보다 '왜'라는 질문에 대한 궁금증이 해결될 때 사람은 행동한다.

사람들은 수백 수천 권의 책을 읽고 또 계속해서 다른 책을 읽는다. 한 번 읽힌 책은 어딘가 던져져 오랜 시간 방치된다. 수만 권의 책을 읽어도 마음의 양식과 머릿속에 지식은 쌓이지만 인생이 쉽게 바뀌지는 않는다.

당신은 왜 이 책을 펼쳤나?

그저 한 권의 책을 더 읽기 위함인가?

아니면 책을 통해 인생을 변화시키고 싶은 마음인가?

이 책이 독자들의 미래를 바꾸는 전환점이 되길 바라며 부자가 되는 가장 쉬운 방법을 소개한다.

차 례

프롤로그 자본주의는 구조다   005

CHAPTER 1 **구조**
자본주의의 설계도를 읽다

자본주의 게임은 어떻게 작동하는가   023
돈 = 에너지   028
자산의 종류와 목적성   030
인간의 욕망이 만든 시스템   042
자본이 의미하는 것   047
어떤 계급으로 살 것인가   050
돈이 많다고 끝이 아니다   051
리스크와 리워드   053
가장 위험한 리스크는 '제로 리스크'   055
화폐는 쓰레기다   057
자본주의: 더 많이 벌고 싶은 욕망의 구조   061
돈의 가치를 지키는 방법   063
자본주의를 유지하는 투자행위   066
구조적 지속가능성 I – 시스템을 보는 안목   070
한국 증권시장의 구조는 왜 고장났는가   073
구조적 지속가능성 II – 역사와 데이터의 증명   076

CHAPTER 2 소비의 통제와 관리
소비를 보면 계급이 보인다

SNS는 어떻게 당신을 가스라이팅하는가	083
가치소비 vs 과소비	086
합리화의 늪	088
투자를 가로막는 공포와 오해	091

CHAPTER 3 재무와 경제 101
돈이 움직이는 원리

기초 경제학	099
가격을 상승시키는 돈의 총량: 통화량	103
기회비용을 모르면 손해를 본다	106
재무학 개론: 돈이 불어나는 원리	109
복리는 시간을 이기는 무기	113

CHAPTER 4 자본가의 지식창고
사고방식과 습관이 자산이다

자본가는 어떤 사고방식을 갖는가	119
리스크를 피하지 않고 다룬다	121
투자와 투기는 다르다	126
자본가의 무기: 시간과 습관	127

CHAPTER 5 시행착오
심리가 만든 착각의 덫

예측과 도파민에 중독된 우리	139
팔지 않으면 수익도 손실도 아니다	143
인지편향과 확증편향	145
편향에서 자유로워지는 법	147
열린사고와 비판적 사고 훈련	151
자본을 갉아먹는 인간의 심리	159
확률과 리스크	164
심리의 차이가 승패를 가른다	170
멀리서 보면 희극, 가까이서 보면 비극	173
분석보다 명상이 더 필요한 순간들	176
벼락부자의 꿈이 벼락거지를 부른다	179

CHAPTER 6 투자의 본질
돈이 흐르는 방향을 이해하라

자산의 가격은 어떻게 상승하는가	185
돈을 버는 사고방식	190
우리는 왜 투자로 돈을 잃는가	201
본질은 심플하다	210
통화량을 움직이는 사건들	215
올바른 판단을 하고도 실패하는 이유	217

CHAPTER 7 기술과 핵심
시스템 위에 서는 기술

자산운용은 기술이다	223
투자원칙은 건물의 토대와 같다	228
전문가에게 맡겨야 하는 이유	236
목표는 수익이 아닌 '사고방식의 전환'	239

에필로그 지식은 질문을 통해 완성된다	242
감사의 말	244
주	246

"

시스템은
인간의 원초적 본성에 의해
만들어진다.

"

CHAPTER 1

구조

자본주의의 설계도를 읽다

UNKNOWN
RICH

자본주의 게임은
어떻게 작동하는가

당신은 게임을 해본 경험이 있는가?

게임은 단순히 놀이가 주는 즐거움을 넘어 우리가 현실에서 느끼고자 하는 성취감을 단기간에 느낄 수 있게 해준다. 게임은 콘텐츠, 그래픽, 스토리 등 다양한 재료로 인간의 도파민 체계를 자극해 인간의 욕구를 충족시킨다.

인간은 욕구를 채우기 위해 끊임없이 발버둥 치는 '동물'이다. 게임 또한 인간이 욕구를 채우기 위한 하나의 방법인데, 모든 게임엔 공통된 목표가 있고 개인 혹은 여러 명의 플레이어가 그 목표를 이루기 위해 경쟁과 협동을 하여 서서히 목표에 도달한다. 게임의 규칙과 구조를 곧잘 이해한 사람은 남들보다 더 빠르게 목표를 이루며 높은 위치에 도달한다.

하지만 게임을 이해하지 못한 사람은 어딘가에 정체되어 있거나, 게임에 싫증을 느끼고 포기한다. 인생도 게임과 많이 닮아있다. 구조를 빨리 이해한 이들은 앞서가고 그 반대의 경우엔 도태된다.

구조의 중요성을 말하기 위해 빼놓을 수 없는 이야기가 있다.

'리그오브레전드'라는 게임은 전 세계적으로 매월 1억 명 이상이 접속하는 유명한 이-스포츠$_{\text{E-sports}}$다. 각 나라의 정상급 선수들은 수억에서 수십억 원의 연봉을 받으며 세계적인 인기를 누린다. 그래서인지 게임 내에서 플레이어의 수준과 순위를 가르는 랭크 시스템 아래에서 자신의 랭크에 영향을 주는 랭킹전에 참여하는 플레이어들은 상당히 치열하게 게임에 임한다.[1] 매일 10시간 이상을 게임에 투자하며 경쟁하고 때론 게임 내 말다툼으로 소송과 법정 공방에 휘말리기도 한다. 혹자는 겨우 게임 따위로 법정 공방까지 화두가 되는 것이 기가 막힌다는 반응도 있으나 그만큼 그들이 이-스포츠에 열광한다는 방증이기도 하다.

이러한 열정은 그들로 하여금 게임에 수백, 수천 시간을 투자하게끔 한다. 재미있는 점은 게임에 투자하는 시간이 자신의 랭크와 비례하지 않는다는 사실이다. 몇몇 플레이어는 3,000시간 이상을 플레이했음에도 수년간 하위 랭크에 정체되어 있는가 하면, 어떤 플레이어들은 단 수백 시간 만에도 최상위권 랭크에 도달한다.

시간이 아니라면 무엇이 그들의 랭크를 결정지을까?

해답은 게임의 구조를 얼마나 잘 이해하는가에 있다. 나 또한 십여 년 전 이 게임에 매료되어 있던 때가 있었는데, 당시 나는 북아메리카에서 상위 2~3%에 들었을 정도로 리그오브레전드라는 게임에 빠져 있었다. 그리고 나 또한 여느 플레이어처럼 정체기를 겪은 경험이 있다. 아무리 오랜 시간을 투자해도 랭크가 올라가긴커녕 오히려 떨어지는 상황을 마주한 후 스스로 투자한 시간과 노력의 배신에 절망하며 내 재능의 한계를 의심할 때쯤, 우연히 게임에 관한 분석 영상을 보게 되었다. 영상은 게임의 구조를 설명하고 디테일한 요소들을 어떻게 이용하고 풀어나가야 하는지를 설명해 주었는데, 30분도 채 안 되었던 이 동영상이 나에게 게임에 대한 이해와 게임을 보는 시각을 완전히 뒤바꿔 놓았다. 영상을 보고 난 후, 수백 시간의 노력이 해결할 수 없었던 정체기가 극복되었다. 나는 이 경험을 통해 회사 업무에 임할 때도 전체적 구조를 파악하고 분석하는 습관을 기르게 되었는데, 이 습관이 주는 보상은 상당히 이례적이었다. 우수한 실적과 초고속 승진, 핵심을 보는 능력과 상황판단, 그리고 자본주의와 그와 연관된 구조들을 이해하는 사고방식이 그 보상의 일부였다.

현실은 게임과 꽤 많이 닮아있다. 게임의 규칙과 구조를 터득하여 자신의 랭크를 올리는 것처럼 현실에서도 세상의 '규칙'과 '구조'를 배우면서 성장한다. 대한민국의 부모는 아이의 교육을 위해 돈 쓰기를 마다하지 않는다. 아이가 우수한 성적으로 기본 교육과정을 마치고 명성 있는 고등교육기관에서 학위를 취득해 수입이 높은 직장에 취직하길 원하기 때문이다.

이들이 다른 기회비용을 포기하고 어마어마한 양의 자본과 시간을 투자하는 본질적인 이유는 사회구조가 다음과 같이 설계되어 있음을 이해하기 때문이다.

1 인간은 사회적인 동물로 자신의 가치를 인정받고자 하는 욕구가 있다.

2 '가치'를 판단하는 기준은 사회에 얼마나 '쓸모'가 있는가이다
3 '쓸모'를 판가름하는 기준은 얼마나 많은 '에너지'를 생산할 수 있는가이다.
4 자본주의 사회에서 최상위 '에너지'는 '자본 = 돈'이다.
5 대부분의 경우 교육에 더 많은 시간을 투자할수록 장기적으로 더 많은 '에너지'를 생산할 수 있다고 믿는다. 가방끈이 길어질수록 고소득 군의 직업을 가질 수 있는 것은 시간과 자본투자에 대한 '보상체계'이다.
6 '체계'는 곧 '구조'이며, 구조는 쉽게 무너지거나 바뀌지 않는다.
7 하나의 예로, 교육시스템의 '구조'가 무너진다면 그 누구도 교육에 자본과 시간을 투자하지 않을 것이다.
8 '구조'의 붕괴는 기득권층의 부의 세속이나 계층 간의 벽의 붕괴 등 또 다른 체계를 위협할 수 있기에 '구조'는 상위계층에 의해 수호된다.

인간은 자신이 이해한 체계를 준수하고 이용하며 아낌없이 투자한다. 당신이 공부 또는 자기계발에 시간과 돈을 투자하고 있다면 그 이유는 투자에 대한 보상이 따라오는 사회적 구조를 띠고 있기 때문이다. 당신이 집(부동산)을 이미 구입했거나, 혹은 구입하려고 돈을 모으고 있다면 집을 구입하는 것이 임대하는 것보다 더 유리한 경제적 구조를 띠고 있기 때문이다. 당신이 예금 혹은 증권에 돈을 투자하고 있다면 금융시스템이 그 행위에 대한 보상을 지급하는 구조를 띠고 있기 때문일 것이다.

반대로 보상이 따라오지 않는 구조라면, 당신은 전혀 다른 결정을 내릴 것이다. 그렇기 때문에 개인마다 구조에 대한 이해범위 안에서 의사결정을 내린다. 그리고 어떤 의사결정을 내리는지에 따라 당신의 미래는 완전히 뒤바뀐다. 자본주의의 구조 파악, 돈에 대한 이해와 금융지식의 확장, 그리고 사고의 전환은 스노우볼 효과Snowball Effect를 통해 당신을 '자본가'로 만들어낸다. 필연적으로 그렇다.

구조를 잘 아는 사람은 남들보다 앞서나가게 된다. 이것이 구조에 집중해야 하는 이유다.

돈 = 에너지

당신이 이 책을 펼치게 된 이유는 아마도 더 많은 돈을 벌고 싶어서 일 것이다. 부자가 되기 위해선 돈이 무엇인지부터 알아야 한다. 미국의 공기업 Top 500 중 지난 10년간 수익률 1위를 달성 중인 스트래티지 주식회사Strategy의 창립자 마이클 세일러는 "돈은 에너지다"라고 이야기한다.[2]

에너지를 떠올리면 연상되는 것은 전력, 풍력, 수력, 원자력, 태양열 등의 에너지일 것이다. 그렇다면 이것들과 완전히 성질이 다른 돈은 왜, 그리고 어떻게 에너지일까?

인간은 에너지를 얻고 보존하기 위해 살아간다. 석기시대 때는 인간의 육체가 가진 에너지를 소비해 사냥을 했으며, 사냥한 대상으로부터 고기를 얻고 섭취하여 소모된 에너지를 다시 얻는 것을 반복하며 생존했다.

다행스럽게도 현대 자본주의 사회에서는 자급자족을 위한 사냥 대신, 시간과 에너지를 소비해 일하고 자본주의 사회에 기여하며 노동, 즉 에너지소비의 대가로 돈을 받는다. 즉, 돈은 시간과 에너지를 소비해 얻어진 또 다른 에너지이며, 에너지는 다른 형태의 에너지로 교환될 수 있다.

돈이라는 최상급 에너지를 음식, 거처, 난방, 에어컨, 이동 수단 등 다른 어떤 하위 에너지원으로도 바꾸어 사용할 수 있는 것이다. 우리는 돈을 내고 사용한다고 표현하지만 말이다. 또한 에너지가 화력, 풍력, 전력, 원자력 등 여러 형태로 존재하는 것처럼 자본 에너지 또한 여러 형태로 존재하며, 그 형태에 따라 특수한 성질과 그에 따른 목적성을 갖는다.

자산의 종류와 목적성

돈이라는 에너지는 여러 형태의 자산에너지로 보존될 수 있다. 그리고 대표적 자산의 종류와 쓰임새는 다음과 같다.

예금

예금은 일반적으로 은행과 같은 금융기관에서 제공하는 상품으로 일정기간 돈을 맡기는 대가로 이자를 받는다. 예를 들어 연간 3%의 이자를 주는 예금 상품에 100만 원을 넣어두었다면 계약상의 기간 동안 연간 3만 원의 이자를 받게 된다. 예금 수익에 대한 세금은 15.4%의 세율로 원천징수 되며 연간 수익이 2천만 원을 넘어갈 경우 종합과세되어 종합소득세로 신고하여야 한다.

특징 주로 1~2년 이내의 단기적 용도로 사용하는 것이 적합하며 예금의 이율은 미국의 역사적 데이터를 기반으로 보았을 때 물가상승률과 비슷한 수준을 유지한다. 단점이 있다면 예금기간 동안은 돈이 묶여 비상시에 사용하는 데에 제약이 있을 수 있다.

적금

적금은 예금과 비슷한 개념으로 작동하며 일정한 금액을 정기적으로 납입하여 이자를 얻을 수 있는 금융상품이다. 예를 들어 매월 8만 3,000원(연간 약 100만 원)을 연이자 3%의 적금 상품에 1년간 납입한다면 1만 6,180원의 이자를 받게 되는 시스템이다. 예금에 비해 지급받는 금리가 낮은 이유는 납입이 일시불이 아닌, 매월 납입하는 할부 식이기 때문이다. 적금에 대한 세금은 예금과 동일하게 15.4%의 세율로 원천징수 되며 연간 수익이 2천만 원을 넘어갈 경우 종합과세되어 종합소득세로 신고하여야 한다.

> **특징** 예금이 선 일시금이라면 적금은 매월 저축하는 할부 식이며 예금과 동일하게 만기일 전까지는 돈이 묶이는 셈이기 때문에 비상시에 사용하려면 이자를 포기해야 하는 페널티가 발생하거나 사용에 제약이 있을 수 있다.

채권

채권은 예금과 비슷하게 이자를 받는 상품이다. 채권은 통상적으로 국가나 기업이 현금을 유치하기 위해 발행한다. 채권을 구매한 사람은 채권에 대한 이자를 받게 되고 예금과 다르게 채권은 거래가 가능하다. 이자를 많이 주는 채권은 비싼 값에 팔리고, 시가보다 이자를 적게 주는 채권은 싼값에 팔린다. 쉽게 말해 은행의 예금처럼 기관이 대중으로부터 돈을 빌리기 위해 사용하는 상품이라고 보면 된다. 예를 들어 5%의 이자를 주는 100만 원짜리 10년 만기 채권을 구입할 경우, 매년 5만 원가량의 이자가 10년간 지급된다. 채권은 타인과의 양도거래가 가능한데, 이미 발행된 채권의 경우 현재 시장의 기준금리가 3%라고 가정할 때 5% 이자를 주는 1만 원짜리 1년 만기 채권을 구입한다면 현재 시장 기준금리보다 높은 이자를 주는 채권이기 때문에 1만 원보다 높은 가격에 거래된다. 반대로 현 기준금리보다 낮은 1%의 이자를 지급하는 채권이라면 1만 원보다 더 낮은 가격에 거래된다.

채권은 보통 실물인수보다는 ETF 등의 펀드를 통해 구입하는 경우가 많기 때문에 다음의 세율을 적용받는다.

- 이자소득세: 채권 이자 지급 시, 이자액에 대해 15.4%의 이자소득세가 원천징수
- 매매차익: 개인 투자자가 직접 채권을 매매하여 발생한 차익은 비과세
- 채권 ETF: 채권 ETF는 이자소득과 매매차익 모두에 대해 15.4%의 세금이 부과

특징 더 많은 이자를 주는 채권이 비싼 값에 거래되고 더 적은 이자를 주는 채권이 더 싼 값에 거래되는 합리적인 논리이다. 채권의 특징은 발행자가 법적으로 반드시 갚아야 하는 법적 부채

이기 때문에 안전자산으로 분류된다는 특징이 있으며, 큰 폭의 금리변동이 없다는 가정하에 유동성이 확보된 예금이라고 생각하면 이해가 편하다. 참고로 유동성은 쉽게 옮길 수 있는 성질을 뜻한다.

주식

주식은 공기업이 현금을 유치하기 위해 발행한 회사의 지분이다. 그러므로 주식을 구입한다는 것은 회사에 간접적으로 투자한다는 것을 의미한다. 회사의 주주가 된다는 것은 그 수익을 나누어 가진다는 의미이기도 하다. 예금이나 채권과는 달리 주식은 법적으로 부채가 아니기 때문에 회사가 망하면 주식도 가치를 잃어버린다는 특징이 있다. 하지만 회사가 건실하고 영업이익이 높을수록 투자자의 수익률이 극대화되고 특정 회사의 주식은 배당금을 지급하기 때문에 예금, 채권과는 비교가 안 될 정도로 높은 수익률을 기대해 볼 수 있다.(하이 리스크-하이 리턴) 단적인 예로, 마이크로소프트와 애플의 주가는 지난 5년간 약 270% 상승했다. 채권이나 예금으로 평균 4%의 이자를 챙긴다고 해도 수십 년간 투자해야 달성할 수 있는 수익률을 단 5년 만에 달성한 셈이다.

주식의 이점은 내가 유망하다고 판단하는 기업에 투자하여 기업의 영업이익에 대한 성과를 나눠 받을 수 있다는 점이다. 다만 이자율이 채권에 변동성을 만들어 내는 것과 동일하게 주식 또한 변동성이 존재한다. 주식은 사고팔기가 매우 쉬운데, 이러한 특징이 변동성과 연관이 있다. 시장에 귤을 사러 갔다고 가정해 보자. 시장 아주머니는 귤을 수확하는 사람에게 귤을 사서 이윤을 덧붙여 우리에게 판매한다. 주식시장에서는 아주머니를 마켓 메이커Market Maker라 부른다.

우리는 시장에 가면 때때로 가격흥정을 하는데, 누구는 귤 한 바구니를 3,000원에 사는가 하면 누구는 흥정을 통해 2,500원에 구입한다. 그러다 보니 가격에 변동성이 생긴다. 장터 시장에서는 보통 상대방이 얼마를 지불했는지 공개적으로 기록되지 않기 때문에 거래하는 소비자가 변동성을 느끼기 어렵지만, 주식시장에서는 모든 거래가 공개적으로 기록되기 때문에 가격이 매분 매초 변동하는 걸 확인할 수 있다.

거래하는 사람들의 심리, 시장 상황, 수요와 공급 등에 의해 가격은 때때로 극심한 변동성을 동반한다. 대부분의 사람은 이 변동성을 두려워한다. 또한 이 변동성을 버티지 못해 비싼 값에 주식을 사서 싼 값에 팔아 치우며 돈을 잃는다. 변동성이란 인간의 본능과 심리에 의해 발생하는 자연현상이지만, 변동성을 이해하지 못한다면 자본주의 시장에서 희생된다. (변동성에 대한 이야기는 뒷부분에 자세히 나온다.)

주식의 세율은 다음과 같다.

양도소득세	연간 수익 250만 원 이하: X
	연간 수익 250만 원 초과: 22% (양도소득세 20% + 지방소득세 2%)
배당소득세	미국: 15%
	중국: 10%
	일본: 15.315%
	국내: 15.4%(지방소득세 포함)

펀드

펀드는 다양한 주식들 혹은 주식, 채권, 예금을 하나로 묶어놓은 상품이다. 과일바구니 혹은 선물 세트를 생각하면 이해가 편하다. 여러 상품을 묶어놓은 이유는 크게 두 가지로 나뉜다.

첫째로는 리스크를 줄이기 위함이다. 내가 하나의 주식만 보유하고 있는 경우 혹시라도 보유한 회사가 파산하거나 혹은 영업이익이 줄어 주가가 곤두박질이라도 치면 투자자는 큰 손실을 입게 된다. 하지만 나의 재산을 여러 유망기업 주식에 나누어 보관한다면 회사 하나쯤 매출이 부진하거나 회사가 파산하더라도 나의 재산은 건재할 것이다. 이러한 논리로 리스크를 줄이기 위한 목적을 가지고 탄생한 것이 뮤추얼 펀드(Mutual Fund)다. 참고로 뮤추얼펀드는 Mutual '공동의'라는 뜻과 Fund '기금'이라는 단어적 의미가 합쳐져 공동기금이라는 의미를 내포한다. 실제로 하나의 펀드는 공동의 투자자금을 모아 여러 가지 자산에 투자한다.

펀드의 또 다른 이점은 적은 비용으로 포트폴리오를 분산투자하는 것이 가능하다는 점이다. 시드머니가 적은 사람이 수십 개 내지 수백 개의 주식을 따로 구입해 보유하려면 엄청난 매매 비용이 든다. 거래당 수수료가 5천 원이라고 가정해도 100개의 주식을 따로 구매할 경우 구매 수수료만 50만 원이 든다. 하지만 펀드를 구입한다면 약 2% 미만의 비용으로 분산투자 효과를 얻을 수 있다. 포트폴리오 사이즈가 100만 원이라고 가정할 때, 연간 2만 원 미만의 비용인 셈이다.

펀드는 일반적으로 뮤추얼 펀드(MF, Mutual Fund)와 상장지수 펀드(ETF,

Exchange-Traded Fund로 나뉜다. 두 펀드의 차이점은 크게 유동성과 비용, 그리고 관리 유무에 있다. ETF의 경우 MF와 다르게 펀드매니저가 능동적으로 관리하지 않으며, 장중에 주식처럼 자유롭게 거래가 가능하다. 하지만 MF의 경우 구매와 판매 모두 장이 끝난 후 종가를 기준으로 구매와 판매가 이루어진다. 예를 들어 오후 1시에 구매 혹은 판매 신청을 한다면, 신청한 1시 기준이 아닌 오후 4시 이후 장이 닫힌 후의 최종 가격을 기준으로 매수/매도가 처리된다. 그렇기 때문에 내가 원하는 가격에 구입이 불가능하다는 단점이 있으며 이러한 이유로 ETF가 대중적으로 선호되고 있다.

두 펀드 모두 소유자들에게 관리비용이 부담된다. MF가 통상적으로 ETF에 비해 2~3배 정도 높은 비용을 가지고 있다. 투자자가 부담하는 ETF의 연간 관리비가 0.5% 정도라고 할 때 MF는 1.5% 정도이며, 스스로 투자하지 않고 전문 자산관리사나 투자운용 서비스를 받는 경우 위 관리비에 1%가 추가되는 것이 일반적이다. MF의 관리비가 더 비싼 이유는 펀드매니저가 주기적으로 펀드가 보유한 주식이나 채권 등 포트폴리오를 능동적으로 관리하기 때문이다. 지속적인 연구 및 분석을 통해 전망이 안 좋은 주식은 팔아 치우고, 전망이 좋은 주식으로 갈아 치우며 적극적으로 관리가 이루어진다는 명목하에, 이에 대한 비용이 추가되는 것이다.

펀드의 세율은 예금과 동일하게 15.4%의 세율로 원천징수 되며 연간 수익이 2천만 원을 넘어갈 경우 종합과세되어 종합소득세로 신고하여야 한다.

특징 MF 기준 전문 펀드매니저에 의해 채택된 자산들을 통해 리스크 분산효과를 얻을 수 있다. 그러나 관리비가 비싼 편에 속하며 가격변동이 실시간이 아니라 장이 닫힌 후 정산되는 시스템이기 때문에 원하는 가격에 구매 또는 판매가 되지 않을 수 있는 특징이 있다. 다만 ETF의 경우 이러한 단점들이 보완되었다.

부동산

부동산은 토지나 건물처럼 움직일 수 없는 자산을 말한다. 한국인이 가장 열광하는 투자자산으로 손꼽히기도 한다. 부동산이 한국에서 주요 투자자산으로 등극한 데에는 많은 이유가 있지만 그 중 대표적인 몇 가지 이유를 이야기해 보자면 다음과 같다.

첫째, 미국과는 달리 한국은 부실한 증권시장이 투자자금을 부동산 업계 쪽으로 몰리게 했다. 미국의 경우 증권시장에 대한 법률과 시스템의 견고함이 시장에 대한 신용도를 높이고 성장률을 견인해 왔지만, 한국의 경우 불완전한 증권시장의 특징들 때문에 한국 증권시장에 신뢰를 잃은 투자자들이 부동산 쪽으로 몰리게 되면서 시장을 과열시켰다.

둘째, 부동산은 레버리지(대출)를 사용해 구입하기 때문에 현금 보유량에 비해 수익이 크게 난다는 특징이 있다. 예를 들어 10억 원짜리 부동산을 2억 원의 현금과 8억 원의 대출로 구입해 연 8%의 가격 성장을 이룰 경우 10억 원의 8%인 8천만 원의 수익을 낼 수 있기 때문에 대출이 어려워 순수 현금으로 수익을 내야 하는 다른 투자자산에 비해 수익률이 높다. 하지만 반대로 집값이 하락할 경우, 대출 규모에 따라 엄청난 빚더미에 앉게 될 수 있다.

셋째, 한국은 전세제도의 존재 덕분에 갭투자가 가능한 전 세계 유일무이한 국가로, 소액의 현금으로 큰 수익을 낼 수 있도록 시스템이 설계되어 있다. 갭투자는 소액의 현금으로 주택을 구입한 후 전세를 주어 구매자가 보유한 현금에 전세 세입자의 전세금으로 주택을 구매한 다음 추후에 비싼 가격에 주택을 매도해 시세차익을 챙기는 투자기법이다. 주택가격이 오를 경우 소액으로도 큰 수익을 낼 수 있지만 반대로 주택가격이 떨어지고 전세 임차인이 전세금 반환을 요구했을 때 전 재산을 잃는 것은 물론 소송 문제에 휘말릴 수 있는 고위험군에 속하는 투자기법이기도 하다.

갭투자가 이루어지는 예시는 다음과 같다. 현금이 1,000만 원뿐이더라도 구입하고자 하는 부동산의 전세를 9천만 원에 줄 수 있다면 구매계약을 체결 후 9천만 원에 전세를 주고 전세대금을 받아 잔금을 치르는 방식으로 사실상 타인의 전세금을 이용해 집을 구입하는 방법이다. 사실상 집값의 90%를 레버리지(대출)로 구입하는 고위험군에 속하는 투자법이므로 집값이 오르는 상황에서는 더할 나위 없이 좋은 수익률을 기록할 수 있겠지만 집값이 하락하는 상황에 전세인이 전세금 반환을 요구하게 될 경우, 엄청난 금액의 빚을 떠안게 될 수도 있다.

집값이 1억에서 8천만 원으로 하락한 상황에 전세금 9천만 원을 반환해야 하는 상황이라면, 전세금 반환을 위해 집을 팔아야 하기 때문에 투자금 1,000만 원을 모두 잃고 1,000만 원의 빚까지 추가로 떠안아야 하는 상황에 마주하게 된다.

넷째, 한국은 수도권에 경제 인프라가 집중되어 있으며 인구밀도가 높기 때문에 수도권의 부동산 수요가 높고, 정부가 인위적으로 정책조정을 통해 부동산 가격을 부양하다 보니 부동산의 가격이 비정상적으로 폭등하게 되었다. 그리고 이러한 구조적 현실은 부동산시장을 안정적이면서도 수익률이 높은 투자대상으로 비치게 했다.

인구 5천만인 대한민국 총면적의 0.6%를 차지하는 서울에는 전체 인구의 약 18%에 달하는 950만 명이 몰려있다. 좁은 지역에 거주수요가 발생하면 부동산의 가격은 천정부지로 치솟을 수밖에 없다. 서울뿐 아니라 홍콩, 도쿄, 로스앤젤레스, 뉴욕, 토론토, 밴쿠버 등 인구밀도가 높고 거주 수요가 높은 곳의 부동산 가격은 구조적으로 끊임없이 상승할 수밖에 없다.

암호화폐

암호화폐는 새로운 자산군으로서, 탈중앙화 자산이라는 특징을 띤다. 탈중앙화란, 기존의 국가들이 국가가 부여한 신용을 바탕으로 사용되는 중앙은행이 발행하는 화폐, 즉 국가권력의 주도하에 무한정 찍어내고 규제할 수 있는 종이 화폐(중앙화시스템)와는 달리 은행의 역할을 대신해 주는 블록체인 기술과 암호화폐 프로토콜 자체의 화폐 발행 시스템을 통해 자유경제를 지향하는 시스템이다.

쉽게 말해 우리는 과거에 안전한 금전 보관과 거래를 위해 은행 등 중간역할을 하는 금융기관에 의지할 수밖에 없었다면, 이제는 새로운 컴퓨터 기술을 이용해 중간역할 없이 경제활동을 할 수 있게 된 셈이다. 탈중앙화 시스템의 범용적 상용화까지는 시간이 걸릴 테지만 이미 여러 국가에서는 비트코인을 활용한 결제와 금융거래가 활성화되고 있다.

현재 암호화폐 생태계에는 수없이 많고 다양한 화폐가 존재하나, 대부분 관리자 혹은 거대 세력에 의해 인위적으로 보안 또는 프로토콜이 변경될 수 있다는 위험요소 때문에 암호화폐의 시조라고 할 수 있는 '비트코인'만이 탈중앙화된 '디지털 자산' 혹은 '디지털 금'으로 여겨지고 있다.

암호화폐인 비트코인이 디지털 금이라고 불리는 이유는 비트코인이 금이 가진 특징과 화폐의 특징을 모두 갖추고 있으며 특수한 프로토콜에 의해 금과 화폐의 단점(인위적으로 공급량을 폭증시키는 것이 가능함)이 보완된 자산이기 때문이다. 비트코인은 누군가에 의해 인위적으로 공급량이 늘어나는 것이 현실적으로 불가능하다.

자산	특징
금	희소성(가치저장) 화폐 기능
화폐	내구성 휴대성 가분성(나눌 수 있는 성질) 안정성(가치가 안정적으로 유지될 수 있는 성질)

비트코인의 프로토콜은 금의 총 매장량이 정해진 것과 같이 총 발행량이 정해져 있어 희소성이 있으며, 세계 어디에서든 쉽게 전송하고 받을 수 있는 화폐의 기능 또한 가지고 있다. 가장 큰 특징은 우리가 금융

거래를 하는 데 반드시 필요한 은행 등의 금융·중앙기관 없이도 체제 유지가 된다는 점이다. 또한 암호화 프로토콜에 의해 복제 또는 해킹이 불가능하다.

월스트리트의 일부 펀드매니저들은 비트코인을 구매하는 것은 마치 골드러쉬 이전의 금 또는 1920년대 뉴욕 맨해튼 혹은 서울 강남구 청담동에 땅을 구매하는 것과 같다고 표현한다. 그 이유는 비트코인의 미래전망성과 희소가치 때문이라고 볼 수 있다. 반대로 비관론자들은 비트코인이 아무런 형체도 가치도 없는 것이라 이야기하기도 한다. 왜냐하면 실제로 금이나 화폐처럼 만질 수 있는 실체가 없고 금융자산 외에도 다양한 용도로 쓰이는 금과 달리 비트코인은 금융거래 외에는 쓸모가 없기 때문이다. 좌우지간 2024년 1월부로 비트코인은 미국 증권거래 위원회 Securities and Exchange Commission 의 ETF 판매 허가 승인을 받은 후 하나의 자산으로 인정받으며 급부상 중이다. 비트코인 외에도 수많은 전자화폐가 유통 중이며 그 전체 규모는 2024년 기준 미화 2.7조 달러(한화 2,700조 원)에 달한다.

이외에도 세상엔 다양한 자산이 있지만, 대부분의 경우 일평생 접할 일이 없다. 위에 나열된 자산들만 상황에 따라 이용해도 당신은 남들보다 더 빠르게 앞서나갈 수 있다.

| Summary |

모든 자산은 각각의 특징을 가진 가치저장 수단이며 개인의 상황과 목표에 맞게 활용 하여야 한다.

인간의 욕망이
만든 시스템

여러 가지 경제·정치적 이념을 제치고 자본주의는 어떻게, 왜 범용적으로 채택되었을까? 비록 공산주의 혹은 사회주의를 채택한 소수의 국가도 존재하지만, 대다수 선진국은 자유경제 자본주의를 채택하였다. 우리는 역사를 통해 자본주의가 세상의 체계를 지배하게 된 경위에 대해 알 수 있으며 자본주의 체제를 이해하고 이 체제에서 파생된 사회적 구조를 이용해 남들보다 유리한 위치에 설 수 있다.

자본주의는 원초적으로 인간의 욕구로 인해 탄생했다. 인간은 고도의 지능을 갖춘 동물이기에 근본적으로 욕구를 채우기 위해 존재한다. 욕구가 채워지지 않으면 정신적 고통을 느끼거나 스스로 목숨을 끊기도 한다.

심리학자 에이브러햄 매슬로는 인간의 욕구를 단계적 구조로 나누었다. 생존에 기본이 되며 우선시되는 생리적 욕구를 1단계로 시작해 2단계인 안전해지고자 하는 욕구, 3단계인 소속감과 애정에 대한 욕구, 그리고 자본주의 체제가 설립된 이유로 볼 수 있는 4단계와 5단계

욕구인 인정과 지위에 대한 존중 욕구가 그 다섯 단계의 욕구이다.[3]

- 1단계 생리적 욕구: 산소, 음식, 수면, 의복, 주거 등 삶 그 자체를 유지하기 위한 욕구
- 2단계 안전 욕구: 신체의 위험과 생리적 욕구의 박탈로부터 자유로워지려는 욕구
- 3단계 소속감 및 애정 욕구: 다른 사람들과 관계를 맺고 사랑하고 사랑받고 싶은 욕구
- 4단계 존중 욕구: 내적·외적으로 인정받으면서 어떤 지위를 확보하기를 원하는 욕구
- 5단계 자아실현 욕구: 자기 발전을 위하여 잠재력을 극대화, 자기의 완성을 바라는 욕구

인간의 피라미드식 5단계의 욕구는 1단계가 충족되고 나면 다음 단계의 욕구를 갈망하는 식으로 확장 전개된다. 피라미드식 구조란 1단

계가 충족되지 않은 상태에서 3단계의 욕구가 발동되지 않는다는 의미이다. 즉, 인간은 하나의 욕구를 채우면 더 고차원의 욕구를 품고 점점 더 커다란 욕구를 원한다.

인간은 욕구 피라미드의 꼭대기 층에 있는 5단계 자아실현 욕구를 반복적으로 갈망하고 채우기를 반복하는 성향이 있다. 인간은 아주 오래전부터 주어진 환경이 허락하는 범주 안에서 욕구를 충족시키며 살아왔으며 특히나 최상위 단계의 욕구인 존중 욕구와 자아실현의 욕구는 아무리 채워도 영원히 충족되지 않는 구멍 난 항아리 같아서 점점 더 많은 것을 원한다.

비교대상을 정해 그 대상보다 더 많은 것을 원하고 그 욕구가 채워지면 더 높은 목표를 설정한다. 이렇듯 인간은 다른 개체 위에 군림하려는 성격을 띠기도 하고 항상 남들보다 우월함을 느끼고자 한다. 돈이 아무리 많아도 더 많은 돈 혹은 권력을 탐하거나, 일상이나 SNS 등을 통해 서로를 비교하고 저울질하는 이유도 이러한 자아실현 욕구 때문이다.

이러한 5단계 욕구는 인간으로 하여금 자본주의 시스템을 채택하게 하였다. 자본주의 체제 아래에서는 각자 가진 돈만큼 성취의 정도가 수치화되어 욕구 충족의 상태가 직관적으로 나타났다. 목표치보다 많은 양을 얻게 되면 만족하고 그 목표에 다다르지 못하면 좌절하거나 결핍을 느낀다. 그렇게 자본과 인간의 욕구가 결합해 끊임없는 욕구를 채우기 위한 노력이 자본축적으로 귀결되기 시작한 것이 자본주의의 시발점이라고 할 수 있다.

일반인의 관점으론 상상조차 힘든 세계의 대부호들은 타 부호들보다 더 많은 자본, 즉 더 큰 에너지와 힘을 갖길 원하고 이를 이루고 지키기 위해 시스템을 구축하였다. 투자의 본질이자 미학은 내가 일하지 않아도 돈을 벌 수 있는 시스템이다. 이 시스템이 존재할 수 있는 이유 또한 결국 인간의 본능과 욕구로 기인한다.

미국은 국력을 유지하기 위해 천문학적인 국방비를 소모하며 이를 충당하기 위해 국가 채권을 끊임없이 발행한다. 국채를 발행하는 행위는 쉽게 말해 다른 국가, 기업 혹은 개인으로부터 돈을 빌리는 행위이다. 이미 현실적으로 갚는 것이 불가능할 만큼 많은 빚더미에 쌓여있지만, 구조적으로 물리적 그리고 경제적 힘을 강력하게 유지한다면 끊임없이 유지되는 구조다.

쉽게 말해 미국은 패권구조를 유지하기 위해 돈을 빌려 세계적 스케일의 카드 돌려막기를 하는 셈이다. 국가에 속한 기득권층은 이러한 구조와 정보 그리고 기업을 이용해 천문학적인 돈을 벌어들인다. 복잡하고 대단해 보이지만 그렇지 않다. 엄청난 부를 이뤄낸 사람들이 대단한 것은 맞지만, 구조와 체계에 대한 이해만 있다면 누구나 자신이 속한 테두리 안에서 시스템이 제공하는 부를 제공받을 수 있다. 그리고 그 구조적 수혜를 대를 이어 받게 되면 우리가 아는 재벌급 부호로 성장한다.

20년 전만 하더라도 정보를 얻기 위해선 서점에서 관련 서적을 찾아 읽거나 각 분야의 전문가를 찾아가 조언을 구해야 했다. 하지만 이제는 유튜브와 인스타그램만 들여다보아도 워런 버핏이나 피터 린치 등 전 세계가 주목하는 부호들의 조언과 또 그들이 가지고 있는 시장에 대한 생각을 쉽게 들여다볼 수 있다. 자본주의에 대한 구조적 진리를 일찍 깨우친 개인들과 가문들은 대중이 상상도 할 수 없을 만큼의 큰 부를 쌓아 올렸으며 그들의 자본은 이 시스템을 통해 지금 이 순간에도 매분 매초 늘어나고 있다. 그것도 자동으로.

"부익부富益富 빈익빈貧益貧. 부유한 자는 더 부유해지고 가난한 자는 더 가난해진다."

자본이 의미하는 것

사람들은 왜 돈을 좇고 경제적 자유를 갈망하는가? 그것은 아마 인간에게 주어진 시간이 유한하며, 그 유한한 시간 동안 끊임없이 육체적 에너지를 소비해 돈이라는 에너지를 생산해 내야만 생존할 수 있는 노동자의 삶에서 탈피하고 싶은 욕구 때문일 것이다. 이는 편안해지고자 하는 욕구이기도 하다. 또한 자본이 넉넉하면 인간의 자존감과 존엄성을 지킬 수 있다. 돈 때문에 누군가에게 부당한 대우를 받거나 그 부당함에 굴복하지 않아도 된다는 뜻이다. 영화 〈갬블러〉에 이를 잘 설명한 대사가 나온다.

"30억 원을 딴 게 무엇을 뜻하는지 바보 멍청이도 알아. 죽을 때까지 'Fuck you-지위'를 갖는 거야. 누군가 당신에게 지시를 내려? Fuck you! 상사가 괴롭혀? Fuck you! 영리한 남자는 'Fuck you'로 사는 거야."

이 책의 맥락에서만큼은 저 대사에서 이야기하는 영리함을 구조에 대한 이해로 해석해도 좋겠다. 경제적 자유를 이루는 순간 당신의 시간은 온전히 당신의 것이 되고 강제적 노동에서 벗어나 온전한 자유를 비로소 누릴 수 있게 된다. 자유는 선택을 의미한다. 생존을 위해 일에 저당 잡혀있던 자신의 몸과 시간을 여가, 여행, 가족 등 자신이 쓰고 싶은 곳에 자유롭게 구애받지 않고 선택적으로 사용할 수 있게 된다.

인간을 포함한 모든 동물은 맨몸으로 태어나 생존과의 싸움을 시작한다. 인간은 생존을 위해 필연적으로 에너지를 필요로 하며, 에너지를 섭취하고 보존하는 것이 생존의 필두가 된다. 자급자족의 시대 때는 직접 사냥을 하거나 채집을 통해 에너지를 섭취하고 동굴이나 은신처를 만들어 에너지를 보존하였다. 하지만 현대에는 근로활동을 통해 '돈 = 자본'이라는 에너지를 생산하고 이를 이용해 생존에 필요한 것들을 구입한다. 인류의 진화는 편의성을 추구하는데, 자본이라는 에너지의 탄생은 인류에게 가장 큰 편의성을 가져다준 물질이다.

자기 자신을 대신해 자본 에너지를 생산해 주는 대체제가 없다면 개인은 생존을 위해 삶의 절반 이상이라는 막대한 양의 시간을, 생존을 위해 끊임없이 소비해야 한다. 우리는 이처럼 자신의 시간을 노동에 저당 잡힌 이들을 노동자라 부른다. 자본가가 된다는 것은 단순히 부자가 되어 많은 돈으로 많은 것들을 누리고 사치를 부리는 것을 의미하는 것만은 아니다. 자본은 곧 생존을 넘어 자유를 보장한다. 생존을 위해 노동이란 족쇄에 얽히지 않고 나에게 주어진 하루 24시간을 온전히 내 의지대로 쓸 수 있는 자유를 얻게 되는 것. 매일 일어나 출근하여 돈을 벌지 않으면 생존을 위협받기에 1년 365일 중 약 245일을 매일 새벽같이 일어나 인파로 붐비는 지하철과 고속도로에 갇혀 있지 않아도 되며, 회사에서 겪는 불합리함을 생계유지를 위해 억지로 삼켜내지 않아도 된다. 여행이 필요할 땐 언제든 떠날 수 있고, 가족이나 아이를 돌봐야 할 때 족쇄 없이 온전히 돌봄에 집중할 수 있다.

우리는 태어날 때부터 생존이라는 일차적 요소를 해결하면서 시간과 자유를 쟁취하는 게임을 하고 있다. 석기시대 때는 생존을 위해 목숨을 걸고 자연과 싸워 자급자족하여야 했지만, 자본주의 사회에서의 생존은 자본으로 보장된다. 결국 생존을 위해선 자본이 필요하고 우리는 자본을 위해 시간을 저당 잡힌다. 하루 24시간 중 9~12 시간 동안 생존을 위한 노동에 투자하고 자본주의 시스템과 경제적 자유의 원리를 깨치지 못한 사람은 죽는 날까지 노동을 반복한다. 나는 이것을 악순환의 굴레라고 부른다.

반대로 선순환의 굴레 안에서는 내가 일하지 않아도 자본이 자본을 생산하고 자본이 우리의 생존을 책임지며, 우리에게 주어진 시간을 보장해 주고, 궁극적으로 우리에게 자유를 누릴 수 있게 해준다. 자본가 Capitalist는 1년 365일 내내 1분 1초를 자기 뜻대로 사용한다. 출근은 더 이상 생존을 위한 의무가 아닌 선택이며 매일이 자신을 위한, 그리고 가족을 위한 시간이다. 일, 휴식, 취미생활, 여행, 그 외 모든 것이 자유로워지는 자본가를 만들어 내는 것은 사고방식과 습관, 단 두 가지다.

어떤 계급으로
살 것인가

 드라마를 시청하며 '나도 왕 또는 여왕으로 살아봤으면'이라고 생각해 본 적이 있을 것이다. 내일 아침이면 출근해야 한다는 현실을 부정함과 동시에 왕이라는 꼭짓점에 선 인간이 누릴 법한 자유와 풍요를 선망하는 것은 인간의 본능이자 욕구이다.
 과거 신분제 사회에서는 출신성분이 풍요와 자유를 누릴 수 있는 특권을 주었었다면 자본주의 사회에서의 계층, 그리고 자유와 풍요는 자본의 양으로 결정된다. 자본주의 체제는 사회 속 계층을 노동자, 투자자, 자본가로 나눈다. 과거의 신분사회와의 차이점이 있다면, 단순 자본의 양으로 뛰어넘을 수 없었던 신분과 계층의 벽이 사라졌다는 것이다.
 어느 사회건, 어느 시대건 계급과 계층은 항상 존재해 왔다. 석기시대 때는 피지컬이 출중하고 운동신경이 뛰어나 사냥에 능하고 리더십이 뛰어난 우두머리가 최상위 계층이 되어 사회를 구축했다면, 신분제 사회에서는 왕과 왕족의 피가, 그리고 자본주의 사회에서는 자본을 가장 많이 보유한 자본가들이 그 계층의 꼭짓점에 있다.
 당신은 어느 계급으로 살 것인가?

돈이 많다고 끝이 아니다

단순하게 자본이 많다고 해서 영원한 경제적 자유를 얻을 수 있는 것은 아니다. 물려받은 재산을 모두 말아먹은 재벌 3세의 이야기 혹은 대성하던 사업가가 하루아침에 빚더미에 앉게 된 이야기를 들어보았을 것이다. 그렇기에, 이 책에서 소개하는 자본가는 로또 맞은 행운아도, 돈방석에 앉게 된 벼락부자도 아니다. 자본주의 체계가 구축되어 유지되는 그 구조와 이에 적합한 습관을 통해 지속가능성에 기반한 시스템과 원칙을 세워 영구적 자유를 누리는 자본가가 되기 위해선 사고방식 자체를 바꿔야 한다.

자본금이라고도 하는 시드머니는 복권 당첨이나 유산상속으로 갑작스레 생기는 경우도 존재한다. 대다수의 사람은 충분한 자본이 생기면 경제적 자유를 이뤄 다시는 돈 걱정을 하지 않아도 될 것이라 착각하지만, 내 자본을 지키면서 소득을 만들어낼 수 없다면 결국 자본은 중앙화폐 시스템에 의해 점차 소실되고 경제적 자유 또한 잃게 된다. 그렇기 때문에 지속가능한 경제적 자유를 누리기 위해선 자본의 축적과 자본의 운용 능력 두 가지를 모두 갖추어야 한다.

지속가능성은 변화하는 환경, 경제, 정책적인 요소 등에 굴하지 않고 지속적으로 유지될 수 있는 성질을 뜻한다. 정부나 기업뿐 아니라 큰 규모의 자금을 운용하는 자산운용사들은 의사결정을 내릴 때 지속가능성을 매우 중요시한다. 특히나 투자에 있어 지속가능성이 결여되어 있다면 그 투자결정은 도박에 가깝다고 볼 수도 있다.

예를 들어, 단 한 번의 단기매매로 2배의 수익을 만들어낼 수 있는 투자는 일반적으로 그에 상응하는 리스크를 동반한다. 투자가 성공했을 때 2배의 수익을 낼 가능성이 있다면 실패했을 땐 원금이 반토막 나거나 원금 전체를 잃을 수도 있다는 뜻이다. 나의 자본을 지키며 지속가능한 성장을 이뤄낼 수 없다면, 자본금이 100만 원이든 100억이든 결국엔 모두 잃게 된다.

리스크와 리워드

　보상을 뜻하는 리워드는 대체로 위험을 뜻하는 리스크를 동반한다. 연 10% 수익이라는 리워드를 얻기 위해서는 반대로 -10%의 손실 리스크를 감수하여야 하는 것이 일반적인 리스크vs리워드의 상관관계라는 뜻이다.

　대부분의 개인은 뉴스 혹은 주위에서 흘려들은 이야기를 토대로 투자결정을 내린다. 그리곤 그 투자가 성공해 나의 인생을 바꿔주기를 간절히 바랄 뿐 자신이 기대하는 리워드가 어느 정도인지, 본인의 결정이 틀렸을 때 감당해야 하는 손실은 어느 정도인지, 또한 결정이 틀렸다고 판단되었을 때 어떻게 대처할 것인지에 대한 고찰은 부재상태다. 대다수 투자자들이 평생 모아온 돈으로 들어본 적도 없는 기업의 주식을 아무런 분석도 없이 구입하고 자신을 부자로 만들어주길 바란다. 리스크를 고려하지 않고 수익만을 바라는 희망적 사고는 당첨확률이 벼락 맞을 확률보다 낮은 로또를 구입하는 것보다도 부질없다.

　현실은 잔혹하다. 돈을 버는 것은 생각보다 쉽지 않고, 돈을 벌고자 하는 욕심은 되려 손실을 낳는다. 본인이 사는 것마다 가격이 떨어진다면 그것은 우연이 아니다. 자본주의 시장은 투자자의 심리를 교묘하게 이용해 돈을 빼앗는다. 이 게임의 구조를 모르는 사람들의 돈은 구조를 잘 아는 자본가들의 주머니로 들어가게 되어 있다. 그러므로 자신의 돈을 지키며 자본주의 구조의 혜택을 받기 위해서는 반드시 올바른 사고방식을 가지고 철저히 계획된 투자를 해야 한다.

전문 투자자들은 최소한의 리스크로 최대의 리워드를 얻기 위해 시간을 투자해 분석하고 유망한 개별주식 등 여러 투자처를 골라내지만, 일반적인 개인 투자자들은 그럴 시간이 없다. 그러므로 다른 방식으로 리스크를 줄여야 한다. 구조적으로 무너질 수 없는 대상에 투자해 지속가능한 리워드를 목표로 하고, 분할·분산투자와 시간으로 리스크를 줄인다면 누구나 성공적인 투자자가 될 수 있다.

뉴스와 변동성에 일희일비하는 개인들은 결코 자본주의 시장에서 살아남을 수 없다. 또한 인터넷과 풍문으로 들려오는 이야기들의 내용은 고위험 투기로 인생역전에 성공하거나, 일확천금을 거머쥐는 등의 자극적인 성격을 띠지만, 이러한 이야기들은 대부분 검증되지 않거나 지속될 수 없는 일시적인 행운에 대한 이야기일 뿐이다.

자본주의의 특성상 누구나 투자로 돈을 버는 순간이 한 번쯤은 온다. 그 순간을 자랑처럼 공유하면 다른 누군가가 이에 자극받아 투자를 가장한 투기를 시작하고 결국엔 돈을 잃는다. 몇십 년을 거쳐 시장에 어떠한 변동성이 생겨도 끝까지 웃을 수 있는 사람은 리스크 & 리워드를 이해하고 지속가능한 투자를 하는 자본가들뿐이다.

가장 위험한 리스크는 '제로 리스크'

제로콜라, 제로소주, 제로○○… 가공당류가 포함되어 있지 않았다고 해서 제로라고 부른다. 이러한 음료들은 몸에 해로운 것들을 배제하기 때문에 제로 음료가 인체에 무해하다는 인식이 퍼져 있다. 이러한 인식이 자본주의에서도 적용될까? 제로 리워드나 제로 리스크는 어떤가? 제로 리스크는 좋아해도 제로 리워드를 좋아하는 사람은 없다. 이것은 인간의 도파민 체계에 반하는 일이니까.

몇몇 사람들은 리스크에 매우 민감하다. 단 한 순간도 자신의 재산이 변동성에 의해 마이너스가 되는 것을 견디지 못한다. 그래서 리스크가 없다고 믿는 예·적금만을 고집한다. 하지만 현실에서의 제로리스크는 마이너스 리워드를 생산한다. 월급을 받아 현금으로 가지고 있으면 물가상승에 의해 돈을 잃는다. 우리가 살고 있는 자본주의 금융시스템이 그렇게 만들어져 있다.

사실상 중앙은행에서 돈을 찍어내는 중앙화된 화폐의 특징상 리스크가 없는 자산은 존재하지 않는다고 봐도 무방하다. 화폐의 가치하락률이라고도 볼 수 있는 물가상승률은 언제나 예·적금 금리와 비슷하게 유지된다. 그러므로 결국 이자를 받더라도 비슷한 수준으로 화폐가치가 하락하기 때문에 이러한 리스크에 노출된다.

또한 특정기간 동안 인출이 제한되거나 인출패널티가 있는 예적금의 특성상 내가 필요한 순간에 사용할 수 없다는 리스크 또한 존재한다. 무엇보다 내가 제로리스크를 고집하는 동안 부동산, 증권, 금 등의 자산 가격은 자본주의 구조에 의해 물가상승률보다 몇 배는 빠르게 상승한다. 그러다 보면 나의 구매력은 점차 하락하고 시간이 지나고 나면 은행에 묻어두었던 나의 재산으로 구매할 수 있는 자산은 점차 줄어든다.

리스크는 어디에나 존재한다. 자본주의 구조 아래에서는 리스크를 지지 않는 것이 어느 정도 리스크를 감수하는 것보다 더 위험하다. 계산된 리스크를 감당하고 리스크가 주는 리워드를 누리는 것이 자본주의 구조를 이용하는 첫번째 방식이다.

화폐는 쓰레기다

'화폐는 쓰레기다'라는 말은 북미 자본가들 사이에서 유명한 어록이다. 앞서 이야기하였듯이 화폐는 누군가에 의해 인위적으로 무한정 생성될 수 있는 종이 쪼가리에 불과하다. 시간이 지날수록 화폐의 가치는 하락하고 이런 특성 때문에 많은 자본가들이 화폐를 쓰레기라고 부르는 것이다.

화폐Fiat Currency는 약 천 년 전 중국에서 처음 사용되었다. 화폐가 생기기 전엔 물물교환이나 금이나 은 따위의 귀금속이 화폐로써 쓰였다. 하지만 이러한 귀금속은 무거워 휴대가 불편하고 필요에 따라 쪼개거나 나눌 수 없어 사용하기에 곤란했다. 점심을 사 먹거나 장을 보기 위해 무거운 은덩이를 들고 다닐 수는 없는 노릇이었고 이를 무거운 엽전 뭉치로 거슬러 받는 것 또한 골칫거리였다. 그래서 단위가 작고 휴대하기 편한 종이 화폐가 사용되기 시작하였다. 하지만 종이 화폐는 금 같은 희귀광물과 달리 사람에 의해 인위적으로 인쇄되어 만들어진 것이기 때문에 복제하거나 사람에 의해 무한대로 생성될 수 있다는 단점이 있다. 실제로 일부 국가에서는 너무나 많은 양의 화폐를 찍어내는 바람에 경제가 무너져 버린 경우가 여럿 있고, 특정 국가에서는 위조지폐로 인해 경제가 위협받는 사례도 여러 차례 나왔다.

국가는 경제를 촉진하기 위해 화폐를 찍어 금융기관을 통해 시장에 유통하고 추가로 유통된 화폐는 기존에 발행된 화폐의 가치를 하락시킨다. 예시로, 나라에 유통되는 돈이 100억 원에서 200억 원으로 늘어나게 되면 기존의 화폐가치는 반으로 줄고 5,000원이던 도시락은 10,000원으로 물가가 상승하게 되는 셈이다. 이처럼 물가상승이 일어나게 되면 현금은 구매력, 즉 가치를 잃게 되고 이에 따라 자산의 액면가격은 상승한다. 이와 같이 물가상승은 곧 화폐가치가 하락했음을 반증한다. 미국 연방준비은행이 목표로 하는 연 3%와 같이 적정수준의 물가상승은 경제적 촉진제가 되지만, 물가가 급격하게 폭등하는 하이퍼 인플레이션과 같이 무분별한 화폐발행으로 인한 비정상적인 물가상승은 국가 경제를 초토화시킨다.

화폐가치가 폭락하면 국민과 소비자는 화폐에 대한 신용을 잃게 되고, 신용을 잃은 화폐는 더 이상 그 역할을 다하지 못한다. 판매자 또는 공급자가 신용을 잃은 자국의 화폐 대신 금이나 미국 달러 혹은 비트코인 등으로 결제를 요구하기 시작한다면, 국가 경제가 무너지는 수순을 밟기 시작한 것이라고 볼 수 있다. 자본주의 사회국가에서 화폐에 대한 신용을 잃는다는 건 국가의 존폐를 결정할 수도 있는 무서운 일이다.

상상해 보라. 집 앞 편의점과 식당이 판매하는 식료품의 원화 가격이 매일 2배씩 상승하고 가게 주인이 달러 혹은 귀금속 등 가치가 안정화된 화폐로 결제를 요구한다면 당신은 더 이상 원화로 급여를 받기를 원치 않을 것이다.

화폐는 돈이기 이전에 집단이 만든 하나의 약속이다. 예를 들어 법적 최저 월 급여가 200만 원이라면 200만 원은 최소한의 생존을 보장하는 의식주 행위를 할 수 있는 가치를 수반해야 한다는 뜻이다. 갑자기 50만 원이던 최저 월세가 200만 원으로 오른다거나 한 끼 식사가 3만 원으로 오른다면 화폐에 대한 사회적 약속이 깨지게 되는 셈이다. 이러한 약속을 지키는 것은 국가와 경제의 안녕에 매우 중요하다. 약속이 깨지고 신용을 잃게 되면 화폐의 가치는 서서히 상실되고, 더 이상 화폐를 받고 물건을 내어주거나 서비스를 제공하는 사람 또한 점차 사라진다.

근래에 하이퍼 인플레이션을 겪은 베네수엘라의 경우 2018년 연간 물가상승률이 기존 물가의 1,300배에 달하는 130,000%를 기록하면서 "앉아서 커피를 사 마시는 동안 커피의 가격이 2배가 올랐다"라는 말이 돌았을 정도로 상상을 초월하는 물가상승을 겪었다.[4] 이런 비극으로 인해 베네수엘라 국민은 장을 보기 위해 현금을 보따리에 싸들고 다녀야 하는 황당한 일을 겪었으며, 막대한 양의 현금을 받아 물건을 팔아도 돈을 버는 동안 돈의 가치가 폭락해 사업을 지속하는 것이 의미가 없어진 자영업자들은 장사를 접었다. 결국 기능을 잃은 경제 때문에 사회가 붕괴되고 삶의 질이 망가진 국민들은 타국으로 이민을 떠나는 지경에 이르렀으며 현재까지도 베네수엘라라는 국가는 존폐 위기의 국면 속에 있다.

국가가 매년 얼마만큼의 화폐를 찍어 유통하는지는 알기 어렵다. 하지만 우리는 물가상승률을 통해 간접적으로 화폐가치의 변화를 알아차릴 수 있다. 국가는 경제성장을 위해 끊임없이 화폐를 찍어내야 하고, 더 많은 화폐가 유통되면 기존에 유통된 화폐의 가치는 떨어진다. 이것이 세계화된 금융시장의 구조다. 세상에 단 100개뿐이었던 다이아몬드 반지가 1,000개로 늘어나게 되면 희소성이 감소하고 다이아몬드 가격이 하락하는 것처럼 화폐도 같은 원리로 존재한다.

다이아몬드를 공급하는 업계는 가격과 희소성을 지키기 위해 공급을 제한한다. 그러나 화폐는 다르다. 국가는 매년 얼마만큼의 화폐를 발행하는지 국민에게 고지할 의무가 없으며 글로벌화된 지금의 경제 속에서는 중앙은행이 발행하는 화폐뿐 아니라 타국에서 흘러 들어오는 자본까지도 경제와 물가에 영향을 미친다. 중국 자본에 노출되었던 캐나다의 주요 도시 부동산들은 지난 20년간 미친 듯한 가격상승을 겪었다. 현재의 평균 임금 수준으로는 집을 구매하는 것이 불가능한 수준에 이르렀고, 투자하지 않는 노동자들의 내 집 마련의 꿈은 점차 실현가능성이 사라져가고 있다. 이것이 화폐가 쓰레기인 이유다.

지금도 미국을 포함한 각 나라의 정부는 화폐를 찍어내 발행하고 있으며 이로 인해 우리 통장에 잠들어 있는 화폐의 가치는 점차 하락하고 있다.

자본주의
: 더 많이 벌고 싶은 욕망의 구조

자본주의資本主義, Capitalism는 이윤추구를 목적으로 하여 자본의 흐름이 경제 전체를 끌어나가는 경제체제이다. 쉽게 말해, 돈을 투자해 더 많은 돈을 만들어내는 경제 체제를 뜻한다. 자본주의를 더 많은 에너지를 생산하기 위해 작동되는 거대한 공장으로 비유할 수 있다.

자본가들은 더 많은 자본을 생산하기 위해 노동자를 고용한다. 노동자는 자본가에게 자본을 받는 대가로 노동력을 제공해 더 많은 자본 에너지를 생산한다. 예로, 기업은 더 많은 돈을 벌기 위해 존재한다. 더 많은 돈을 벌기 위해서는 규모를 갖추어야 하기에 필연적으로 투자가 요구되며, 투자자들은 기업이 생산한 자본(=이윤)을 나눠 갖는다. 그리고 이러한 행위를 실현하는 곳이 바로 증권시장이다.

북미권만 해도 수천, 수만 개의 공기업이 더 많은 돈을 벌기 위해 분주히 움직인다. 국가는 자국의 경제를 이끄는 기업들이 더 많은 이윤을 창출할 수 있도록 돈을 찍어내 싼값에 빌려준다. 그리고 그렇게 기업들이 벌어들인 돈의 일부는 투자자들에게 투자 이익으로 돌아가고 그 이익은 또다시 더 많은 이익을 남기기 위해 재투자된다. 돈은 그렇게 증권시스템 안에서 돌고 돌며 계속해서 더 많은 돈을 생산한다. 이러한 시스템은 인간의 본능과 욕망 덕분에 변하지 않는다. 하지만 대다수의 사람들은 이 사실을 인지하지 못한 채 살아간다.

자본활동은 아주 오래전부터 시작됐다. 자급자족 시대 때의 인류는 생존을 위해 사냥하여 먹고 남은 걸 저장했고 여분은 물물교환을 통해 다른 필요한 것으로 바꾸어 사용했다. 그 당시엔 화폐라는 개념이 없었기 때문에 생존에 필요한 모든 것이 화폐로 사용되었다. 종이 화폐가 탄생한 이후엔 자본활동이 편리해졌다. 종이화폐는 고기나 채소와 같이 썩어 없어지는 유기체가 아니기에 자본을 축적하는 것이 용이해졌기 때문이다.

시대와 기술이 진화할수록 자본활동이 간편해졌다. 현재 대부분의 자산은 디지털화되어 전산상으로 화폐를 보관하거나 클릭 몇 번으로 채권, 주식, 펀드, 예금 등에 투자해 집에서도 손쉽게 자본활동을 할 수 있다. 이제는 어음이나 증권증서 따위를 들고 직접 증권시장에 찾아가거나 복잡한 서류작업을 하지 않아도 쉽게 투자와 자본운용이 가능하다. 그럼에도 아직까지 자본주의의 혜택을 누리지 못하거나 잘못된 사고방식으로 오히려 자본가들에 의해 이용되는 사람들이 너무나 많다. 이제는 당신이 이 시스템을 이용할 때다.

돈의 가치를
지키는 방법

　자본주의 구조를 이해하지 못하는 노동자는 노동에 대한 보상으로 화폐를 받아 그대로 은행에 쌓아둔다. 화폐는 편의성을 위한 도구일 뿐 앞서 말한 화폐의 특성상 가치저장의 수단이 될 수 없다. 은행에 쌓아둔 화폐는 그들의 돈벌이 수단으로 이용될 뿐 당신이 땀 흘려 생산한 자본 에너지의 가치를 지켜주지 않는다. 자본 에너지의 가치를 보존하기 위해선 화폐를 구조적으로 가치저장소 역할을 하는 다른 형태의 에너지로 변형시켜야 한다. 말은 추상적이지만 화폐로 핵심 부동산을 구입하는 행위도 화폐를 가치저장소에 보관하는 행위이다.

　가치저장Store of Value이란 그 가치를 잃지 않는 성질을 띠는 자산에 화폐를 저장하는 행위를 뜻한다. 귀금속, 증권, 부동산, 미술품 등 시간이 지날수록 더 큰 가치를 가지는 것들이 가치저장의 수단이 된다. 투자자와 자본가는 절대 화폐를 은행에 쌓아두지 않으며, 때에 맞는 가치저장소를 탐색하는 것에 힘쏟는다. 시간은 노동자, 투자자, 자본가 모두에게 공평하게 흐르지만, 각각 오늘날 어떤 방식으로 에너지를 저장하느냐에 따라 시간이 흐른 뒤 누군가는 노동자로 남고 다른 누구는 자본가로 거듭난다.

가치저장이라는 개념에 있어 대중이 가장 많이 하는 착각은 은행에 예치된 돈은 가치가 보존될 것이라는 관념이다. 은행은 여느 기업과 마찬가지로 이익을 위해 만들어진 기관이다. 은행은 우리에게 반드시 필요한 서비스를 제공해 주는 기관이지만 자선사업을 하는 곳은 아니다. 그들은 당신의 돈을 빌려 당신에게 최소한의 이자를 제공하고 자본주의 시스템을 이용해 막대한 이익을 챙겨 몸집을 불린다. 금융기관에, 자본주의에 대한 교육을 받지 못한 노동자들은 자신들이 돈을 벌 수 있는 재료인 돈을 퍼다 주는 고마운 존재다.

그럼, 은행은 어떻게 돈을 벌까? 송금, 환전 등의 서비스를 제공해 그 수수료를 벌어들이기도 하지만 은행을 돈 버는 기계로 만들어준 고마운 것은 '지급준비제도'라는 것이다.

지급준비제도는 고객들이 은행에 100억 원의 자금을 예치했다고 가정할 때 반드시 7억 원 이상을 현금으로 보유하도록 만든 법적 제도다. 돈이 필요할 때 고객에게 즉시 현금을 조달할 수 있도록 고객을 위해 만들어진 법 같지만, 은행은 이렇게 법이 정한 최소 지급준비금만 떼어두고 나머지 자본을 이용해 대출을 해주거나, 기관투자를 통해 이익을 벌어들인다.

대한민국의 법정지급준비율은 7%이며, 이 말은 은행이 100억 원 중 7억 원만 지급준비금으로 떼어두고 나머지 93억 원을 이용해 합법적으로 돈을 벌 수 있다는 말이다. 은행은 투자, 대출, 창구서비스 등 리스크 대비 수익이 뛰어나고 안정적인 방법들을 이용해 이윤을 남겨 점차 몸집을 불린다. 고객이 많은 돈을 장기적으로 예치할수록 좋다. 예치 기간이 길수록 은행은 자본주의 구조를 이용해 더 많은 돈을 벌어들일 수 있다. 그렇기 때문에 오래된 은행일수록 몸집이 큰 경우가 많다.

대부분의 개인들은 은행의 입장에서 생각하지 않는다. 단순히 제로 리스크에 열광하며 은행이 주는 최저금리를 받아먹을 뿐이다. 당신이 은행에 예치한 돈의 기회비용이 얼마인지 깨닫게 된다면 당신은 아마도 내일 당장 은행으로 달려가게 될 것이다. 이 책을 읽고 난 후엔 당신이 이 자본주의 구조를 이용하기 시작할 것이다.

| Summary |

화폐는 구조적으로 점차 가치를 잃는다.

화폐는 편의를 위한 매개체 그 이상 그 이하도 아니다.

당신이 이해할 수 있는 가치저장의 수단을 찾아 급여의 가치를 저장해라.

자본주의를
유지하는 투자행위

　자본주의 체제는 투자행위를 통해 유지된다고 이야기해도 과언이 아니다. 자본가는 자본을 이용해 투자하여 더 큰 자본을 벌어들이고 벌어들인 돈은 이해관계자와 투자자들에게 배분된다. (주식의 가치 상승과 배당금 지급)

　자본주의 시스템 안에서는 모두가 더 많은 돈을 벌기 위해 두 눈을 부릅뜨고 있다. 모두가 투자처를 찾고 있는 셈이다. 자본주의 시스템을 이용하는 가장 쉬운 방법이 주식시장을 통해 투자자로서 자본주의 시장에 참여하는 것임을 아는 사람들은 이미 다양한 회사의 지분을 보유하고 있다.

　이 시스템은 수천 년간 계승되어 왔다. 조선시대 때의 자본가는 거상이라고 불리는 상인이었거나 혹은 다른 방식으로 자본을 불려 나갔던 양반과 왕족이었고, 노동자는 삯을 받고 일하는 대다수의 평민 혹은 노비들이었다. 소수만이 자본가에 속하고 대다수는 언제나 노동자인 구조 또한 수천 년간 그대로 유지되어 왔다. 만민 평등을 주장하는 공산주의조차 1% 기득권층이 엄청난 호화를 누리고 99%가 그들이 남긴 나머지 부를 나누어 쓰는 구조인 점을 생각해 보면, 시스템에 대한 이해가 얼마나 유의미한 힘을 쥐여주는지 가늠할 수 있다. 시스템을 이해하고 자본을 축적하기 시작하면 부의 축적 속도가 점차 가속화된다.

자본은 많을수록 더 빠르게 불어나는 성질이 있다. 부익부 빈익빈이라는 이야기가 나온 배경도 이러한 시스템의 구조 때문이다. 자본이 많을수록 더 많은 노동자의 시간을 살 수 있고 더 많은 수익을 창출할 수 있다. 예를 들어 투자수익률이 매우 높은 편에 속하는 헤지펀드, 벤처캐피털, 또는 건설업과 같이 진입장벽이 높은 프로젝트에 참여할 수 있는 정도의 자본을 소유하게 되면, 부의 팽창 속도가 가속화된다. 특히 부동산 개발은 수백억에서 수천억 원이 투입되는 거대 프로젝트다. 자본이 많이 들어가는 프로젝트일수록 진입장벽이 높기 때문에 그에 상응하는 수익률이 따라온다. 벤처캐피털 혹은 헤지펀드 또한 마찬가지로 최소 투자액이 수십억에 이르는 것이 일반적일 정도로 많은 자본을 필요로 하지만 성공 시 수익률은 상상 이상이다.

하지만 개인들은 비교적 자본 규모가 작다. 장사를 하는 개인이거나, 사업을 하는 사람이라면 보유한 자금과 대출한도 내에서 허락하는 자본을 원천으로 가치를 창출해 소득을 만들어낼 것이지만, 회사에 고용되어 매월 급여를 받는 사람이라면 자영업자들과 같은 방식으로 자금을 운용하기가 쉽지 않다. 그들의 시간은 이미 고용주에게 저당 잡혀있기 때문에 다른 사람의 시간을 이용해 이윤을 만들어내야 한다. 그리고 그 방법이 바로 회사의 지분을 사는 주식투자다. 회사의 주식을 사는 것은 회사의 지분을 사는 것, 즉 그 회사에 고용된 사람들의 시간을 사는 것과 같다. 기업이 고용한 노동자들은 기업을 위해 일하고 기업이 이윤을 창출하면 그 일부를 회사의 주인인 주주들이 나눠 갖는다. 예를 들어 당신이 마이크로소프트사의 주식을 구입했다면, 그 회사를 위해 일하는 모든 이들의 시간을 샀다고 해석할 수도 있다. 결국 그들이 창출하는 자본에너지의 일부가 주주인 당신에게 돌아갈 것이기 때문이다.

이러한 투자행위를 가능케 하는 증권시장은 여러 회사의 주식들이 상장되어 거래되는 시장을 말한다. 동네 시장에서는 채소와 과일, 생선과 육류 등을 팔지만, 증권시장에서는 주식과 채권 등을 사고판다. 주식은 회사(사업체)가 돈을 벌기 위해 필요한 자본금을 유치하기 위해 발행한 회사 지분의 일부이다. 회사는 기업공개 Initial Public Offering 를 통해 투자은행에 주식을 팔아 사업에 필요한 자금을 유치하고 이 과정에서 발생하는 비용을 투자은행에 지불한다. 이후 투자은행은 이 주식을 증권시장에 개인과 기업을 대상으로 판매하고, 이 시점부터 개인은 증권사를 통해 주식을 매입할 수 있게 된다. 쉽게 말해서 회사는 새로운 사업을 위한 자본을 끌어모으기 위해 회사의 소유권인 주식을 발행해 시장에 내다 판다.

결국 주식은 회사의 지분이며, 주식은 보유하는 순간 주주로서의 권리행사가 가능해지고, 회사의 영업이익이나 가치가 증가할 때마다 주식의 가격이 오르며 배당금 등의 이익을 공유하게 된다. 대부분의 개인투자자는 영향력을 행사할 정도로 많은 양의 주식을 보유하기 어렵지만, 실제로 한 개인이 하락하는 주식을 계속 매입해 대주주가 된 재밌는 사례도 존재한다. 연안식당 등 유명한 외식 브랜드를 소유하고 있는 기업 디딤이앤에프는 2024년 3월 존속 능력에 대한 불확실성으로 거래가 정지되었다. 김상훈 씨는 개인투자자이지만 당시 주식의 8.2%인 474만 주를 보유한 최대 주주가 되었다. 김 씨는 기존에 매입한 주가보다 주가가 떨어질 때마다 주식을 분할매수하는 소위 '물타기'를 하다가 5% 이상의 주식을 보유하게 된 것으로 해석된다.[5]

은행이 제공하는 예금시스템이 계란 한판을 빌려주고 이자로 계란 한 알을 받을 수 있는 거래라면, 주식투자는 닭을 사서 키워 알을 낳게 하는 셈이다. 건강한 닭이라면 알을 몇 판이고 낳아줄 것이고 닭인 줄 알았던 것이 황금 거위라면 어쩌면 황금알을 낳아줄지도 모른다! 하지만 반대로 병든 닭을 구매한다면 달걀은커녕 목숨 하나 부지하기도 쉽지 않을 것이다. 그러니 닭을 고를 땐 신중해야 한다.

2025년 4월 기준 디딤이앤에프는 여전히 거래정지 상태로 남아있다. 위의 예시에서 분할매수를 통해 최대 주주가 된 김상훈 씨의 경우엔 병든 닭을 구매한 꼴이 된다. 적어도 지금까지는 그렇다. 마법처럼 어느 순간 기업이 살아나고 상황이 반전될지 아무도 모르는 일이지만 적어도 구조적으로 이 기업의 성장을 뒷받침해 줄 시스템은 없다. 인구밀도가 높은 대도시의 부동산이나 미국이라는 패권국의 주가지수처럼 구조적으로 우상향할 수밖에 없는 대상이 아닌 경우에는 투기로 보는 것이 합당하다. 결국 김 씨는 분할매수라는 투자의 기본은 지켰으나 그 대상을 잘못 설정한 것으로 보인다.

구조적 지속가능성 I
- 시스템을 보는 안목

　내가 구조라는 단어를 지겹도록 반복해서 언급하는 이유는 지속가능성과 가장 밀접한 연관이 있다. 다수의 개인들이 투자를 두려워하는 이유는 투자대상에 대한 불확실성 때문이다. 그리고 지속가능성은 이 투자에 대한 불확실성을 해소시켜 준다. 구조적 지속가능성은 자산의 가격을 상승시키는 수요를 끊임없이 발생시키는 구조의 존재 유무를 뜻하며, 이러한 구조가 얼마나 체계적으로 튼튼하게 자리잡고 있는지를 분석해 투자대상을 선정하는 것이 자본주의 구조를 이용하는 핵심이다.

　구조적 지속가능성을 가진 대표적인 자산은 세계 패권국인 미국의 증시지수이다. 그 중 대표적인 지수를 꼽자면 나스닥$_{NASDAQ}$100과 S&P500를 이야기할 수 있다. 나스닥은 미국을 선도하는 주요 업계의 기업 100개의 주식을 포함하는 지수이며, S&P500은 시가총액을 기준으로 미국에서 가장 큰 기업 500개를 포함하는 지수이다. 그렇기 때문에 지수가 포함하는 기업의 목록은 계속해서 바뀐다. 기업이 퇴행하면 지수에서 제외되고 기업이 성장해 규모가 커지면 지수에 포함된다. 또한 S&P500에 포함된 500개의 공기업들은 미국 경제의 약 80%를 대표한다. 이러한 이유로 워런 버펏은 S&P500에 투자하는 것이 미국에 투자하는 것과 다름없다고 이야기한다.[6]

어떤 구조적 지속가능성을 내포하기에 대표적인 자산이라고 이야기하는 것일까?

미국과 캐나다의 연금제도의 경우, 거의 모든 근로자가 매달 월급의 일부를 연금증권계좌에 넣어 개인적으로 투자해 관리하는 방식으로 운영된다. 노동자는 월급의 일부를 연금증권계좌에 넣을 때마다 세금 감면 혜택을 받고 연금계좌에 입금된 돈을 펀드나 주식에 투자하여 화폐가치 하락으로부터 나의 연금을 방어하고 그 가치를 불려 나간다.

북미 전역의 노동자들이 이러한 연금시스템 내에서 천문학적인 액수의 돈을 미국 증권시장에 투자하고 있으며, 이 투자구조가 자동화되어 있다고 생각하면 된다. 급여가 지급될 때마다 지정한 %만큼 급여가 자동으로 연금계좌에 이체되고 이를 통해 지정한 펀드에 자동 적립식으로 분할 투자된다. 노동자들이 생산하는 돈의 일부가 꾸준히 증권시장으로 흘러 들어가 가격을 상승시키는 것이다. 이는 이미 증권시장이 안정화되어 있는 북미권에서는 증권시장을 통한 투자가 정형화되어 있다는 의미로 해석할 수 있다. 북아메리카 전체가 꾸준히 이러한 시스템에 돈을 쏟아붓고 있다면 그 규모가 얼마나 거대할지 상상이 되는가?

돈을 연료로 돈을 찍어내는 미국 증권시장이라는 거대한 공장이 자동으로 그 연료를 공급받고 있는 셈이다. 그리고 북미뿐 아니라 세상 어느 나라의 연금관리공단이던 투자행위를 통해 국민의 연금을 운용하는 건 마찬가지다.

　미국의 증권시장 규모는 한국의 30배가 넘는다. 그리고 이러한 연금 시스템은 자본주의를 대표하는 증권시장의 가치가 시간이 지남에 따라 우상향하는 것을 돕는다. 그리고 이러한 시스템 속에서 미국 정부는 국민의 노후가 달린 증권시장을 지켜야 하는 암묵적 의무가 생기는 셈이다. 필연적으로 끊임없이 돈이 증권시장으로 흘러 들어가게끔 시스템이 짜여 있다면, 당신은 어디에 돈을 보관하겠는가?

| Summary |

증권시장은 자본주의 시스템을 가장 직관적으로 나타내는 곳이다.

북아메리카의 연금 시스템을 타고 돈이 흘러 들어가는 것의 가치와 가격은 시간이 지남에 따라 우상향할 수밖에 없다.

미국 정부는 자국민의 노후와 생계가 걸린 증권시장의 우상향하는 구조를 수호해야 하는 암묵적 책임이 있다.

한국 증권시장의 구조는
왜 고장났는가

　미국의 증권시장은 구조적 지속가능성을 내포하는 반면 한국의 증권시장은 대조되는 모습을 보인다. 한국증시의 대표 지수에는 코스닥과 코스피가 있는데, 두 지수의 지난 10년 치 데이터를 미국지수 데이터와 대조해 보면 10년간 약 200% 상승한 S&P500에 비해 코스피는 30%도 채 상승하지 못했다. 이는 물가상승률에도 미치지 못하는 수치다.
　한마디로 한국 증시지수가 10년째 제자리걸음을 하는 셈이다. 그렇다면 대한민국의 기업이 성장하지 못했는가? 그건 또 아니다. 대한민국의 GDP 성장률이 둔화되고는 있지만 처참한 증권시장의 성장률을 설명하기엔 데이터 연관성이 부족하다.

　그렇다면 한국증시의 구조적 문제점은 무엇일까?
　첫째, 물적분할 상장이다. 미국과는 달리 한국 기업은 계열사를 분리해 증시에 상장시킬 수 있다. 예를 들어 애플 주식회사는 IOS, Beats Electronics, Apple Pay, Siri 등 여러 자회사를 보유하고 있지만 증권시장에는 Apple Inc. 하나의 기업으로 상장되어 있다. 반면 삼성은 삼성전자, 삼성물산, 삼성 SDI 등 수많은 자회사가 따로 분리되어 개별 주식으로 상장되어 있는데 이렇게 자회사를 분리해 증권시장에 상장시키는 것을 물적분할 상장이라고 한다.

미국은 물적분할 상장을 금지하고 있다. 물적분할이 허용될 경우 투자자 보호가 어려워지는 것은 물론 여러 가지 문제점이 발생하기 때문이다. 예를 들어 물적분할을 허용해 애플이 자회사를 분리해 상장하게 되면 분리되는 자회사의 가치에 따라 한순간에 주가가 폭락할 수 있고 물적분할에 대한 정보를 사전에 입수한 개인들이 금전적 이득을 취할 수 있게 된다. 그리고 이러한 이득은 다른 개인들의 희생으로 창출된다.

무엇보다 물적분할은 돈의 흐름을 분산시키고 투자자의 투자심리를 저해한다. 상상해 보라. 언제 물적분할로 주가가 떨어질지 모르는 자산에 누군들 투자하고 싶겠는가? 이러한 심리가 모이게 되면 전체적인 시장의 구조가 약화된다. 이에 대한 반증으로 국내 증권시장은 10년째 제자리걸음을 하고 있고 증시에 대한 대체제로 돈의 흐름이 몰린 부동산은 폭등해 왔다.

둘째, 결여된 주주보호 제도이다. 개인들의 돈을 이용하는 건 은행들뿐만이 아니다. 기관이나 특정 세력들은 여러 가지 전략을 사용해 개미들의 투자금을 털어간다. 한국증시는 주주들의 무덤이라고 불릴 만큼 투자자 보호를 위한 정책이나 규제가 부실하다. 금융범죄, 불공정거래, 작전거래 등을 자행해 수백억을 편취해도 형량이 무겁지 않아 개인투자자들의 주머니를 털어가는 일들이 빈번히 일어난다. 이를 알고도 국내 증권시장에 장기투자하는 사람은 거의 없다. 그리고 이러한 부분 또한 한국 증권시장의 구조적 부실을 뒷받침하고 있다.

셋째, 코리아 디스카운트이다. 한국기업의 가치는 동일 조건의 미국 기업보다 낮게 평가된다. 지배구조의 불투명성과 정부 규제의 불확실성, 낮은 주주환원정책(낮은 배당금) 그리고 북한과의 전쟁 리스크 등이 그 원인이다. 이 모든 것들이 미국과는 대조되는 구조적 문제점을 담고 있다. 북한과의 전쟁리스크라는 해결하기 난해한 지정학적 리스크를 제외하고는 충분히 개선 가능한 부분임에도 얽힌 이해관계나 정치적 분쟁을 이유로 개선이 되지 않고 있다.

위에 나열된 구조적 문제점 외에도 다양한 문제점들이 한국 증권시장을 투기장으로 만들고 있다. 결론적으로 투자자 입장에서 한국증시는 지속가능성이 결여된 구조로 되어있다.

구조적 지속가능성 II
: 역사와 데이터의 증명

역사와 데이터는 구조적으로 지속가능한 대상에 대한 증명서 역할을 한다. 어떠한 투자대상이던 지난 50년, 100년 혹은 그 이상의 기간 동안 가격상승을 이어왔다면 지속가능성에 대한 신뢰도가 매우 높다고 판단할 수 있다. 반대로 아무리 지속가능한 구조를 지닌 것으로 보이더라도 실제로 그 구조가 잘 작동하는지 확인할 수 있는 데이터가 없다면 그저 가설이나 프로토타입에 불과하다. 위에서 언급한 S&P500의 경우 꽤나 긴 데이터와 역사가 있다.

【 S&P 500의 기간별 연평균 수익률 】

기간(년)	연평균 수익률
150년	9.26%
100년	10.54%
30년	10.00%
10년	12.00%

S&P 500은 지난 100년간 연평균 약 10%의 수익률을 기록해 왔다. 패권국인 미국에 의해 유지되는 지속가능한 구조와 100년이 넘는 역사를 가진 대상이라면 충분히 지속가능한 구조를 갖추고 있다고 말할 수 있다.

그러나 투자경험이 전무하다면, 연평균수익률을 오인해서는 안 된다. 한 번도 증권시장의 변동성을 경험해 보지 못한 사람이라면 10%의 연평균 수익률이 매년 규칙적으로 발생하길 바라겠지만 이 시스템은 그렇게 은행 예·적금 시스템처럼 지루하게 작동하지 않는다. 한 해엔 +35%가 올랐다가도 다음 해엔 -25%가 하락할 수 있다.

다음은 S&P500의 수익률 그래프다. 약 100년간 어떠한 상승과 하락을 겪었는지 살펴보면 어떠한 변동성을 거쳐 연평균 10%의 상승을 이루어 내는지 감을 잡을 수 있다.

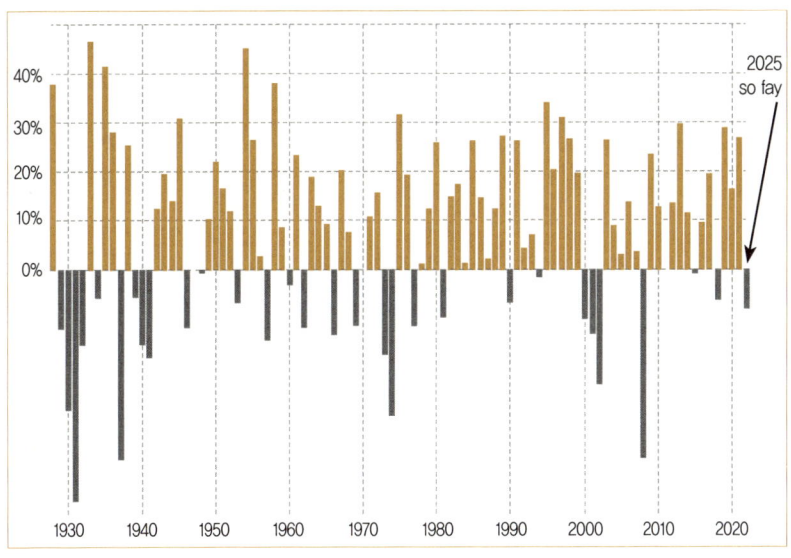

전설의 투자자 중 한 명인 피터 린치는 평균적으로 2년마다 증권시장이 하락(조정)을 겪는다고 말했다. 하지만 이는 평균적인 수치일 뿐 언제 조정이 올지 알 수 없다. 그러므로 우리의 투자방식 또한 지속가능한 방식을 채택해야 한다.

UNKNOWN
RICH

"
저축하지 않는 이에게
미래는 없다.
"

CHAPTER 2

소비의 통제와 관리

소비를 보면 계급이 보인다

UNKNOWN
RICH

SNS는 어떻게
당신을 가스라이팅하는가

　베이비 붐 세대에게 저축은 시대적으로나 사회적으로나 장려되는 분위기였다. 하지만 시대가 바뀌고 저축과 투자가 미래를 보장하지 않는 쪽으로 분위기가 뒤바뀌면서 2030 청년들이 저축을 멈추고 소비를 하는 것이 점점 일반화되고 있다.

　과거와는 사뭇 다른 사회 분위기가 만들어진 원인에는 여러 가지가 있지만 가장 큰 역할을 한 것은 SNS$_{Social\ Networking\ Service}$라고 볼 수 있다. 폭등하는 집값, 흔들리는 경제, 높은 실업률, 정체된 임금 대비 상승하는 물가 등 저축 심리를 저해하는 요소들은 다양하다. 하지만 그중에서도 SNS는 그 요소들이 미치는 영향력의 크기나 팩트와는 별개로 특정 프레임을 이용해 분위기 조성이나 소비패턴을 유도하는 창문 역할을 한다.

　SNS에서는 인플루언서, 일반인, 연예인 등 불특정 다수가 자신의 화려한 일상을 공유한다. 이들은 전체 이용자의 1%도 채 되지 않지만, 다수의 사람들은 그 1%의 이용자들만을 선망하고 추종한다. 그렇게 그들이 게시하는 화려한 일상이라는 프레임에 갇혀 점점 그것을 당연시하고 일반화한다. 나머지 99%의 사람들은 전혀 다른 삶을 살고 있지만 1%의 프레임에 갇힌 사람들은 그 프레임 안에서 보이는 모습들이 세상의 전반적인 모습이라고 착각한다. 그리곤 그렇게 화려한 일상에 대한 포모FOMO, fear of missing out를 느끼며 그 일상을 그대로 따라 한다. 한끼에 20만 원짜리 식사와 하루에 50만 원짜리 호텔 숙박권은 월 3,000만 원을 버는 사람들에겐 일상이 될 수 있지만 월 300을 버는 사람에겐 적합하지 못하다.

심지어 그 화려한 일상을 SNS에 공유하는 사람들의 일상을 가까이 들여다보면 실제로는 화려하지 않은 경우가 많다. 후원이나 광고 청탁을 받아 올리는 일상이거나 화려한 이미지를 연출하기 위해 자신의 월급을 하이엔드 라이프스타일에 몰방하는 현실은 SNS에 비추어지지 않는다. 이러한 방식의 소비는 그들에겐 셀프 브랜딩이나 마케팅으로 더 큰 가치창출에 대한 투자일 수 있지만, 이를 보고 그저 포모라는 욕구를 채우기 위해 따라 하는 사람들에겐 사치 그 이상도 이하도 아니다.

또 다른 경우는 누군가가 시작한 포스팅을 통해 불특정 다수의 사람들에게 잘못된 인식을 심는 경우다. 예를 들어 한 사용자가 "이제는 어차피 저축을 해도 집은 못 산다"라고 SNS에 게시해 많은 공감을 얻어내며 일파만파로 퍼지게 되면 댓글이나 게시물이 공유되며 공조하는 의견을 담게 된다. 비판적 사고를 할 수 없는 누군가는 이를 보며 사실인 양 믿게 되고 이를 사실인 양 인식하게 될 수도 있다. 다수의 공감을 얻은 게시물은 공신력이 있어 보이는 효과가 있지만 그렇다고 해서 팩트는 아니다. 팩트와는 무관하게 단순히 '공감할 수 있는 내용이라서' 혹은 '수천 명이 공감한 내용이라서' 이러한 프레임에 갇혀 주장을 사실로 받아들이고 잘못된 가치관이나 사고방식이 자리 잡는다면 결국 그 대가를 치르는 건 자기 자신이다.

무너져 가는 건물 안에서도 한강이 보이는 창문을 통해 밖을 본다면 세상이 아름다워 보인다. 하지만 현실은 건물의 안과 밖을 360도로 돌아보았을 때야 비로소 바로 볼 수 있다.

옆 그림에서 철학자 르네 데카르트는 아리스토텔레스의 책을 밟고 있다. 데카르트는 철학의 기준을 신이나 성경 같은 외부에 두었던 중세 철학을 뒤집고 나 자신을 주체로 한 '방법서설'을 세운다. 이 방법론을 쉽게 말하면 모든 것을 비판적 사고로 바라보는 것이다.

"정말 보이는 대로 실존하는가?" "껍데기만 화려한 빈 조개는 아닐까?"

이러한 질문을 통해 기준을 자기 자신으로 잡고 허상일 수 있는 것들을 필터링한다.

"나는 생각한다, 고로 존재한다"라는 유명한 표현도 여기에서 나온 것이다. 가치나 사고의 기준을 외부에서 찾다 보면 멍청이가 된다. 스스로의 철학과 기준을 세우고 상황을 명확하게 판단할 수 있어야만 프레임에 현혹되지 않으며 주체적인 미래를 건설할 수 있다.

가치소비 vs 과소비

　과소비와 사치를 아주 그럴듯하게 포장하는 단어가 있다. 바로 가치소비다. 누군가에겐 과소비로 보이나 특정 개인에게 큰 가치를 가지는 소비라 하여 가치소비라 부른다. 예를 들어, 차를 아주 좋아하는 K 씨는 자신의 연봉보다도 2배는 비싼 차를 할부로 계약했다. 연봉이 4,500만 원인 사람은 원천징수 등을 제외하고 월 336만 원을 받는다. 이 사람이 9,000만 원짜리 차를 5% 금리에 60개월 할부로 구입하면 월 할부금이 170만 원 거기에 추가로 보험료와 기름값만 더해도 월에 200만 원 가까이 지출되는 셈이다. 소득의 절반 이상이 자동차 할부금과 보험 그리고 유류 등으로 나가지만 고가의 차량을 모는 것은 그에게 로망이자 큰 가치이기 때문에 이는 과소비가 아닌 가치소비라며 스스로의 구매결정을 정당화한다.

　인생에 정답은 없다. 그렇기에 이러한 결정이 옳다 그르다를 이야기하는 것은 아니다. 하지만 모든 결정은 책임과 기회비용을 동반한다. 차에 소비되는 월 200만 원은 여행, 식사, 데이트, 쇼핑, 저축, 투자 등에 소비될 수 없다. 월 200만 원이 30년 후에 얼마가 되는지는 앞서 그래프로 설명한 바 있다. 월 200만 원을 미중시지수에만 투자해도 5년 후엔 약 15억 원, 30년 후엔 약 39억 원이 된다. (미 증시가 100년 연평균 수익률로 성장한다고 가정했을 때)

당신이 내리는 결정이 과소비인지 가치소비인지에 대해 고민하고 분석하지 않으면 참혹한 결과를 불러올 수 있다. 북미권에는 고령 노숙자는 있을지언정 폐지 줍는 노인은 없다. 노후를 보장해 주는 시스템을 가진 국가에서는 고단하게 늙어갈 걱정을 하지 않아도 된다. 미리 준비하지 않아도 된다. 하지만 대한민국은 다르다. 당신이 2040의 시기에 내리는 결정 하나하나가 당신의 습관이 되고 미래를 결정한다. 대체로 그렇다.

당신은 어떤 소비를 하고 있는가?

합리화의 늪

　이 책을 읽는 독자들은 소득, 가정환경, 라이프스타일, 가치관 등 많은 것이 제각각이다. 나는 많은 사람들을 인터뷰하면서 찾아낸 공통점이 있다. 개인의 소비 스타일은 가치관에 따라 변하기보다 금융 지식과 저축 습관이 더 지대한 영향을 미친다는 것이다. 개인의 가치관은 분명 매우 중요한 요소이지만 합리화를 위해 사용되는 핑곗거리 중 가장 빈번히 사용되는 것이기도 했다.

　권장 수치인 연봉의 50%를 한참 뛰어넘는 고가의 차량을 운용한다거나, 식사 한 번에 하루치 임금을 지출하는 것을 대수롭지 않게 여긴다거나, 월급의 40% 이상을 월세로 지출한다거나, 반려견·반려묘 양육비가 월급의 15% 이상을 차지하지만, 이 모두를 가치소비로 치부하며 합리화한다. 이 외에도 가치소비라 칭하는 여러 종류의 불필요한 소비 형태 모두 자산관리적 시점에서는 과소비에 속했다.

　가치소비란, 누군가에겐 전혀 의미 없고 낭비라고 생각될 수 있는 소비에 개인 특유의 가치를 부여하고 고액의 값을 기꺼이 지불하는 것을 말한다. 다시 말하지만, 개인의 가치관이나 그들이 내리는 결정을 평가하거나 폄하하는 것이 아니다. 집중해야 할 점은 앞서 말한 가치소비를 주장하며 과소비를 하는 이들은 하나같이 합리화에 능하다는 점이다.

자신의 연봉에 두 배에 해당하는 고가의 차량 할부금을 수년간 갚으며 원하던 차를 구입할 때 느꼈던 짧은 도파민 반응이 '가치소비'라고 스스로 합리화하지만, 매년 10%씩 가치가 떨어지는 이 움직이는 빚덩이는 소비자의 미래를 갉아먹는다. 혹은 종종 고급 호텔에서 부자가 된 듯한 기분을 잠시 느껴보기 위해 단 하룻밤에 월 급여액의 1/4을 소비한다. 진짜 부자가 되기 위한 습관을 갖기보다 부자가 된 듯한 일회성 기분을 느끼기를 택하는 것이다. 확실히 기분을 느끼기엔 이쪽이 빠르다. 하지만 그 기분은 호텔에서 체크아웃하며 보증금을 돌려받을 때 휴대폰 알림에 찍히는 잔액을 보는 순간 증발한다. 또 어떤 이는 하루치 급여를 뛰어넘는 금액을 매 주말 오마카세나 파인다이닝 등 럭셔리한 저녁 식사에 소비하는 것에 대해 거리낌이 없다. 나도 맛있는 것을 좋아하고 즐기는 편이지만 세상엔 오마카세나 파인다이닝 외에도 맛있는 게 너무나 많다. 하루 벌어 한 끼를 먹고 사는 습관을 어떻게 가치소비라고 합리화할 수 있을까?

개인의 가치나 가끔씩 즐기는 일탈을 폄하하는 것이 아니다. 나는 누구보다 동물을 좋아하고, 음식과 소소한 일탈을 즐기며, 일상의 스트레스를 해소해 줄 수 있는 이벤트가 꼭 필요하다고 생각하는 입장이다. 하지만 일탈이 일상이 된다면, 당신은 아마도 경제적 자유로부터 점점 멀어지게 될 확률이 매우 높다.

모든 개인의 가치관이 다르다는 점을 알고 있고, 과소비라 할지라도 특정한 소비가 각 개인에게 지속가능한 행복과 특별한 의미를 부여한다면 나는 그 소비를 응원하고 싶다. 그러나 가치소비라는 단어를 과소비에 대한 합리화하는 데에 쓰고 있다면 스스로 소비 목록과 패턴을 점검하고 통제력을 되찾아야 한다. 당장 과소비를 멈추기 힘들다면 월급이 들어오는 날 자동으로 월급의 일부가 증권계좌로 이체되도록 선저축하는 습관을 들이는 방법이 효과적이다. 애완동물을 키우는 것처럼 당신의 잔액도 조금씩 커질 것이고 이후엔 충분히 불어난 계좌가 당신에게 자유와 행복을 가져다줄 것이다.

누구에게나 즐거운 것을 포기하고 불확실한 미래에 투자하는 일은 쉬운 일이 아니다. 하지만 지금의 즐거움을 미래를 위해 미뤄두었을 때, 보상은 반드시 따라온다. 소수만이 자신의 문제점을 인지할 수 있고, 극소수만이 그 문제에서 벗어날 수 있다. 미래를 바꾸고 싶다면 실천하라.

투자를 가로막는 공포와 오해

투자를 한 번도 해본 적이 없거나, 누군가를 통해 투자에 대한 부정적인 인식이 심어진 사람이라면 투자에 대한 막연한 두려움이 마음 한켠에 자리 잡고 있을 것이다. 그렇지 않고서는 피땀 흘려 번 소중한 자산을 자신이 아닌 은행의 배를 불려주기 위해 예·적금 따위에 묶어두고 물가상승률도 따라잡지 못하는 이자를 받기로 작정하진 않을 테니 말이다.

나는 캐나다에서 투자자문 업무를 해오며 단 한 번도 투자를 해보지 않은 고객들을 많이 만나 보았다. 그리고 그들과의 대화를 통해 그들의 심리에 대해 많은 사실을 배울 수 있었다. 캐나다는 국가에서 제공하는 복지, 연금, 저축 혜택들이 특수한 증권계좌를 통해 국민에게 제공된다. 예를 들어 TFSA라고 하는 비과세 저축계좌나, RRSP로 불리는 세금감면 혜택을 제공하는 계좌, 자녀의 학비를 지원하는 RESP 계좌 모두 펀드투자를 장려하는 증권계좌의 형태로 존재한다. 이러한 시스템을 갖춘 나라임에도 불구하고 투자에 무지한 사람들이 많다는 사실은 충격이 아닐 수 없었다.

스스로 알아보고 공부하지 않으면 알기 힘든 시스템의 문제도 있지만, 원초적으로 그들은 투자에 대해 막연한 두려움을 가지고 있었다. 그들의 두려움은 크게 세 종류로 분류된다.

이해하지 못하는 것에 대한 두려움

본래 인간은 이해하지 못하는 것에 대한 두려움을 갖는다. 과거에 사람들은 지구가 네모난 형태이기 때문에 바다로 항해를 하다 보면 그 끝에 다다라 추락해 죽는다고 믿었다. 지구의 형태와 중력의 존재를 알지 못했기 때문에 당시 대중들은 항해를 곧 죽음이라 여기며 두려워했다. 하지만 지구의 형태와 중력에 대한 사실이 밝혀진 오늘날 항해를 하다 떨어져 죽을 걸 두려워해 배를 타지 않는 사람은 없다.

같은 맥락으로 컴퓨터가 세상에 나온 지 30년이 다 되어가는 지금도 여전히 컴퓨터에 대한 두려움이 있는 사람들이 여럿 존재한다. 나의 어머니는 매일 컴퓨터를 사용하시면서도 여전히 컴퓨터에 대한 두려움을 가지고 계신다. 또한 은행에서 근무하던 시절 생각보다 많은 노인 고객들이 매일 컴퓨터를 사용하면서도 온라인뱅킹을 사용하면 해킹에 노출되어 돈을 모두 잃을 수도 있다는 두려움에 온라인뱅킹 자체를 일절 하지 않는 경우를 더러 보았다. 온라인뱅킹의 편의성을 경험한 사람들은 상상도 할 수 없는 일이다. 분명 이들이 걱정하고 두려워하는 리스크가 존재하지 않는 것은 아니지만, 시스템을 이해하고 기본적인 주의를 기해 사용한다면 적은 리스크로 엄청난 혜택을 누릴 수 있다.

투자 또한 마찬가지다. 충분한 이해도를 가지고 리스크를 관리해 활용한다면 큰 이익을 가져다주지만 아무런 이해나 지식 없이 뛰어든다면 금전적 손해를 입을 수 있다. 결론적으로 공부를 통해 이해와 지식을 얻고 주의를 기해 사용한다면 기술이든 투자든 간에 그에 상응하는 이익을 얻게 된다.

손실에 대한 두려움

금전적 손해에 대한 두려움은 이해하지 못하는 대상에 대한 두려움에서 파생된다. 앞서 이야기한 것처럼 증권시장과 투자에 대한 충분한 이해와 지식 없이 투자한다면 손실을 보게 될지 모른다. 그러나 반대로 이야기하면 이러한 두려움은 대상을 학습하고 이해함으로써 간단하게 극복될 수 있다.

놀랍게도 150년간 수익을 기록해 온 증권시장을 두고 주위에서 들려오는 말들은 꽤나 회의적이다. 투자를 둘러싼 대화 속에 다음과 같은 말들이 들려온다.

"아는 사람이 주식에 투자해서 전 재산을 날리고 빚까지 생겼대."
"나 옛날에 주식 하다가 전재산 반토막 났잖아."
"주식, 펀드 그거 위험한 거 아니야? 나 아는 사람이 그거 하다 돈 많이 잃었다던데?"

이러한 말들이 나오는 배경과 이유는 무엇일까?
두려움을 가지고 있는 사람들의 입장에서 투자는 도박이나 다름없겠지만, 150년이 넘는 시간 동안 엄청난 수익률을 기록한 증시의 현실과는 무관하게도 개인이나 가까운 타인의 실패 경험으로 생긴 확증편향의 예시이자 투자가 아닌 투기에 의한 손실이 만들어낸 잘못된 인지현상이다.

또한 손실에 대한 두려움은 변동성에 대한 이해 결여, 그리고 투기식의 투자가 빚어낸 손실에 의해 창조된다. 대다수의 손실을 보고 시장을 떠난 투자자들은 변동성이 수반하는 가격하락 중에 자산을 팔아 손실을 보거나, 일확천금을 노리며 전 재산을 지속가능성이 없는 대상에 투자해 모두 잃는다. 하지만 이러한 두려움 또한 구조와 변동성에 대한 이해를 통해 쉽게 극복된다.

> "하락장에서 당신이 불안한 이유는 쓰레기 같은 회사에 공부도 안 하고 당신이 평생 모은 돈을 몰방해 놓았기 때문이다."
>
> _피터 린치

학습에 대한 두려움

생각보다 많은 사람이 새로운 지식을 학습하는 것에 대한 두려움과 거부감을 가지고 있다. 더군다나 내가 기존에 알고 있거나 믿고 있던 사실과 상반되는 지식이 머릿속에 입력되려는 순간 인간의 뇌는 기존의 지식을 지키기 위해 방어기제를 펼친다.

쉽게 말해 내가 알고 있던 것 혹은 믿고 있던 것이 진실이니 그에 위반되는 정보는 모두 거짓일 것이라고 위험신호를 보내며 새로운 정보를 차단하는 것이다. 지금까지 믿어왔던 것을 부정당했을 때 이를 순하게 받아들일 수 있는 사람은 많지 않다. 그리고 이러한 반응을 보이는 사람은 줄곧 2단계 방어기제를 발동시키며 지금까지 가지고 있던 잘못된 지식이나 믿음을 가지고도 아무 문제 없이 잘 살아왔기 때문에 새로운 정보는 필요 없다며 학습의 기회를 스스로 차단한다.

이는 기존의 지식이나 믿음이 부정당하는 것에 대한 방어기제이자 두려움이며 이 두려움의 기회비용은 매우 크다. 그렇기에 우리는 끊임없이 우리가 알고 있는 사실을 재확인하고 새로운 정보와 지식에 대한 열린사고를 유지해야 한다.

| Summary |

두려움은 이해하지 못하는 것으로부터 기인한다.

학습에 대한 두려움은 값비싼 기회비용을 발생시킨다.

대부분의 두려움은 대상을 학습하는 것으로 쉽게 극복된다.

> 세상에 유통되는 돈의 총량이
> 1억 원뿐이라면, 모두가
> 강남 집 한 채를 원하더라도
> 그 집은 1억 원을 넘길 수 없다.
> 하지만 돈의 총량이
> 1,000억 원으로 늘어난다면
> 어떻게 될까?

CHAPTER 3

재무와 경제 101

돈이 움직이는 원리

UNKNOWN
RICH

기초 경제학

수요와 공급 그리고 가격 균형

대학 경제 강의에 나오는 가격을 구성하는 원리인 수요와 공급을 이해하지 못한다면 자본주의 시장에 참여하는 데에 심각한 어려움을 겪을 수밖에 없다. 수요는 소비자의 구매 의향을 의미하며 공급은 총생산자의 총공급량을 의미한다. 그리고 그 균형에 따라 가격이 결정되는 것이 기초적인 가격경제 원리이다. 쉽게 말해, 가격은 파는 사람 머릿수와 사는 사람 머릿수의 균형이 결정하는 요소다.

수요는 공급을 결정하고, 공급량은 수요에 따라 변화하며, 가격은 수요와 공급의 균형에 따라 정해진다. 스마트폰에 대한 수요가 많아지면 공급자들은 돈을 벌기 위해 스마트폰을 추가 생산하여 공급량을 늘린다. 공급량이 많아지면 수요와 공급의 불균형으로 인해 가격은 떨어지게 된다. 반대로 수요가 그대로인 상태에서 공급량이 줄어들면 가격은 상승한다. 수요와 공급의 법칙은 주식, 부동산, 귀금속 등 모든 거래되는 자산에 적용되며 수요와 공급에 영향을 미치는 직·간접적 요소를 남들보다 빨리 파악할 수 있다면, 가격의 변화를 예측해 수익으로 연결시킬 수 있다. 예를 들어, 경기가 나빠지는 것을 체감하고 투자와 소비가 위축될 것을 파악해 미리 투자자산을 현금화하거나 증시하락에 베팅하는 인버스 ETF를 구입한다면 안 좋은 경기 상황에도 수익을 낼 수 있다.

수요가 많고 공급이 적은 것들은 비싼 가격대를 형성한다. 반대로 수요는 없지만, 공급량이 많은 것들의 가격은 낮아지게 된다. 예를 들어 다이아몬드처럼 희귀하고 공급이 적은 것들은 수요가 많아질수록 가격이 올라간다. 하지만 철 따위와 같이 공급이 넘쳐나는 것들의 가격은 낮게 형성되기 마련이다. 같은 원리로 부동산이나 증권 또한 수요가 높아질수록 가격이 상승하고 직·간접적 요인에 의해 수요가 낮아진다면 가격 또한 낮아지게 된다.

【 수요공급과 균형 】

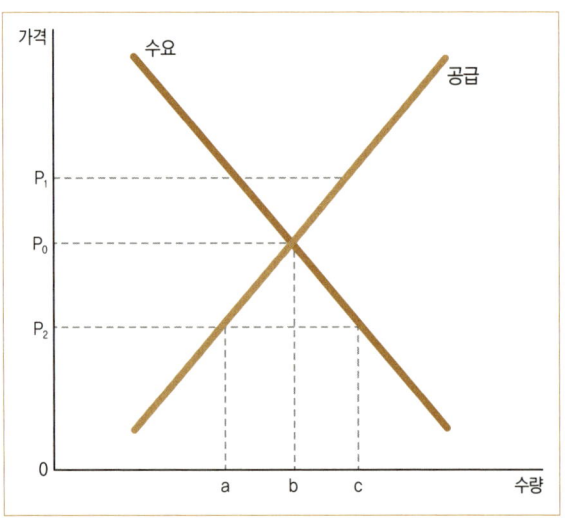

모든 사업과 자산은 수요(구매자)와 공급(판매자)을 베이스로 가격을 책정하고 수요와 공급의 변화에 따라 가격 또한 변화한다. 그리고 이 변화를 먼저 예측하는 사람이 부자가 된다.

수요와 공급 그리고 경쟁과 가격

2007년 세상에 처음 아이폰이 출시되었다. 이 당시 핸드폰에 대한 수요는 이미 절대적이었고 수많은 기업이 이미 자사의 핸드폰을 팔기 위해 경쟁하고 있었다. 하지만 최초의 스마트폰이었던 아이폰은 스마트폰 시장의 독점권을 쥐고 있었으며 아이폰 기기 하나를 얼마에 판매할지는 애플사의 자유였다. 하지만 가격을 자유롭게 책정할 수 있다고 해서 가격을 너무 높게 책정할 경우 수요가 감소할 것인 데다 기존 핸드폰을 사용하는 유저들의 소비를 충분히 끌어내지 못할 것이고, 가격을 너무 낮게 책정할 경우 영업이익이 감소하고 늘어나는 수요를 감당할 수 있는 공급망이 부족했을 것이다. 그렇기에 애플사에서는 수요와 공급의 균형을 맞춰 영업이익을 극대화할 수 있는 가격을 책정해 판매를 시작하고 수요와 공급의 균형을 무너뜨리지 않는 선에서 서서히 가격을 올리게 된다.

하지만 아이폰이 아닌 치킨집이라면 어떨까? 치킨공화국이라 불릴 만큼 치킨에 대한 선호도가 높은 대한민국에서 치킨은 누구나 만들어 팔 수 있는, 진입장벽이 낮은 사업이다. 그렇기 때문에 아무리 수요가 높을지라도 공급이 언제나 높아질 수 있기 때문에 치킨 가격에 대한 경쟁이 치열하다. 닭을 키우는 양계장에 전염병이 돌거나 또 다른 이유로 닭의 개체수 감소로 공급 장애가 생기지 않는다면, 치킨의 공급은 영업이익이 사업자가 수용할 수 있는 최소한의 수준에 다다를 때까지 증가할 수 있다. 한때 치킨 가격이 천정부지로 치솟던 때를 기억하는가? 영업이익을 올리기 위해 대기업 브랜드들이 치킨 가격을 3만 원 선까지 올리며 화두가 되고 논란이 불거졌지만 결국 치킨의 가격은 균형을 되찾았다.

이렇게 수요와 공급 그리고 가격의 관계는 상호작용하며 균형을 이룬다. 수요와 공급이 정하는 가격과 가격의 균형 공식은 부동산과 주식 등 거래되는 대부분에 통용된다.

가격을 상승시키는 돈의 총량
: 통화량

자산의 가격은 수요와 공급, 그리고 유통되는 돈의 총량에 의해 결정된다. 외 세부적인 요소들인 정책, 환경, 트렌드 등은 수요와 공급을 결정짓는 요소로 가격 형성에 간접적인 영향을 미친다. 수요와 공급의 변화 없이 경제시스템 안에서 순환되는 돈의 총량이 늘어날 경우 자산의 가격은 상승한다.

세상에 100만 원의 돈만 유통되고 있다고 가정해 보자. 가격을 결정하는 요소는 수요와 공급이지만, 이 가격이 어느 상한선까지 올라갈 수 있는지 제한하는 요소는 얼마만큼의 돈이 유통되고 있느냐에 달렸다. 세상에 모든 사람이 세상에 남은 마지막 집 한 채를 사기 위해 혈안이 되어 있다고 가정해 보자. 만약 세상에 총인구수는 100명 그리고 세상에 유통되는 돈은 총 100만 원뿐이며 그 돈을 모두가 공평하게 만 원씩 나누어 가지고 있다면, 이 집의 가격은 만 원을 넘기기가 어려울 것이다. (남에게 돈을 빌리는 대출행위를 변수에서 제외한다면)

하지만 현실의 자본주의에서의 부의 분배 비율을 적용해 약 80명의 사람이 천원 씩을 보유하고 있고 나머지 20명이 4만 9,000원씩 보유하고 있다면 집의 가격은 4만 9,000원까지도 형성될 수 있을 것이다. 그 자산이 어떤 것이든 간에, 화폐의 특성상 돈의 총량이 늘어난다면 자산의 가격은 상승하고 화폐의 가치는 떨어진다.

100만 원이었던 총 화폐 유통량이 100억 원으로 늘어난다면 자산의 가격이 어떻게 되겠는가?

지금도 화폐의 유통량은 끊임없이 늘어나고 있다. 당신은 어떻게 돈의 가치를 지킬 것인가?

지난 20~30년간 서울의 부동산 가격추이를 살펴보면 돈의 총량이 가격에 얼마만큼 막대한 영향을 미치는지 알 수 있다. 대다수 개인은 서울의 집값이 더 이상 단순노동·저축으로 감당하지 못하는 수준에 이르렀다고 생각하는 지경에 도달한 지 오래다. 우리는 그 원인에 대해 고심해 볼 필요가 있다. 평균 임금은 정체되어 있는데 어떻게 집값은 천정부지로 치솟을 수 있는 걸까?

구조적으로 서울은 경제중심지로 교통, 편의시설, 식당, 주거시설, 회사 등의 인프라가 가장 잘 구축된 지역이다. 대부분의 사람은 노동을 해야 하고, 그렇기 때문에 이왕이면 더 좋은 회사에서 일하고 더 나은 환경에서 살기를 원한다. 이러한 욕구 때문에 구조적으로 대체제가 없는 서울은 거주 수요가 높을 수밖에 없다. 또한 대한민국은 인구밀도가 매우 높은 나라다. 그렇기 때문에 인프라와 수요가 서울이라는 작은 도시에 몰리게 되면, 수요를 충당할 수 있는 주거시설을 공급할 땅이 부족해진다.

그렇게 공급은 제한되고 수요는 꾸준히 늘어나는 중에, 경제에 순환되는 돈의 총량이 늘어나게 되면 부동산의 가격은 대중이 상식적으로 이해할 수 없는 선까지 상승하게 된다. 개인들은 잘 느끼지 못하나 돈의 총량이 늘어난다는 것은 대출을 받기가 더 쉬워지고 이미 상당량의 자본을 소유한 사람들이 담보대출을 통해 부동산을 계속해서 매입해 나갈 수 있다는 뜻이다.

  높은 수요, 공급 제한, 통화량의 증가는 자산의 가격을 상승시킨다. 서울의 집값은 지난 10년(2013~2023) 동안 약 2.4배 상승했다. 하지만 높게 상승하는 것은 부동산뿐만이 아니다. S&P500의 경우 지난 10년 동안 약 2.7배 상승했다. 그리고 물가 또한 약 2배 가까이 상승했다. 이를 역으로 해석하면 지난 10년 동안 현금의 가치가 추락했다는 뜻이다. 이는 은행의 예금 이자로는 따라잡을 수 없는 수치이며 자본 에너지를 어떻게 축적하느냐에 따라 어떤 결과를 초래하는지 보여주는 가까운 역사적 예시이다.

기회비용을 모르면 손해를 본다

　기회비용이란 개인이 고르지 않은 선택지 중 가장 값비싼 차선책의 가치를 말한다. 예를 들어 나에게 1억 원의 현금이 있다고 가정해 보자. 나는 이 현금을 연 3% 이자를 주는 5년 예금에 예치하기로 결정한다. 결정을 내리는 순간 나는 다른 선택을 내릴 기회를 박탈당한다. 이와 동시에 기회비용이 발생한다. 예를 들어 부동산, 펀드, 주식, 채권 등 여러 가지 선택지 중 부동산의 연간 기대 수익률이 가장 높다면 기회비용은 부동산 투자가 된다. 부동산 투자의 기대 수익률이 연간 8%라면 내가 3%의 이자를 주는 예금에 예치하기로 내린 결정에 대한 기회비용은 연간 8%인 셈이다.

　기회비용은 투자결정에 대해서만 발생하지는 않는다. 럭셔리한 저녁, 호텔투숙, 쇼핑 등 돈을 소비하는 모든 행동은 기회비용을 동반한다. 20만 원짜리 저녁과 40만 원짜리 호텔 투숙 대신 10만 원짜리 저녁과 20만 원짜리 호텔을 선택해 나머지 30만 원으로 주식을 매입하거나 명품쇼핑을 대신해 나의 자유와 미래를 책임져 줄 자산을 구입하는 것이 더 합리적인 결정인지 한 번쯤은 생각해 보는 것이 좋다.

평균수명이 95세를 넘어가는 시대에 정년이 55세에서 60세라는 현실의 이면은 꽤나 잔인하다. 서울시에서 발간한 〈50+ 세대 실태조사 보고서〉에 따르면 임금근로자의 은퇴 후 지위는 일용직, 임시직, 자영업 등으로 분화되는 것으로 나타났다. 말인즉슨, 노후가 준비되어 있지 않다면, 은퇴 후의 약 30~40년은 자본투자를 통해 자영업을 하지 않는 이상 일용직 혹은 임시직으로 벌어먹고 살아야 한다는 뜻이다. 미래를 고려하지 않은 사치의 대가는 비참한 노년이다. 실제로 대한민국의 노인빈곤율과 노인노동참여율은 OECD 1위다.[7] 그리고 놀랍게도 대체로 40~50대가 되고 나서야 노년에 대해 걱정하고 준비하는 경우가 상당히 지배적이다. 하지만 그때가 되면 너무 늦다. 심지어는 당장 몇 년 이내에 은퇴를 앞둔 사람들조차 자신의 노후가 완벽하게 대비되어 있는지 모르는 이들이 많다.

대한민국의 연금 시스템은 노인들에게 그다지 관대하지 못한 편이다. 2022년 통계청 자료에 따르면 65세 이상의 월평균 연금수급액은 기초연금과 국민연금을 합산해도 65만 원에 그치는 것으로 집계됐다.[8] 나이가 들어 일할 수 있는 능력과 경쟁력을 잃게 되고 월 65만 원의 연금을 받게 되면 젊을 적 사치로 낭비했던 순간들이 떠오를 수밖에 없다. 40만 원에 하룻밤을 묵었던 호텔, 월 100만 원을 납부하던 벤츠, 한 끼에 20만 원을 지불했던 오마카세 같은 것들은 노후가 준비되지 않은 사람들에겐 노년을 담보로 누렸던 되돌리고 싶은 순간의 과거일 뿐이다.

기회비용은 크고 넓게 생각할수록 커진다. 그렇기에 우리는 인지 범위를 넓히고자 노력할 필요가 있다. 인간은 아는 만큼만 볼 수 있고 아는 만큼만 생각할 수 있기에 기회비용의 범위를 넓게 생각할수록 내가 취할 수 있는 이익의 폭이 넓어지는 것이다. 미래를 생각하지 않는 사람에게 기회비용은 고려가치가 없는 것일지 모른다.

기회비용은 소비에 대해서만 발생하는 것이 아니다. 우리가 돈의 가치를 저장하기 위해 투자결정을 내릴 때도 기회비용이 발생한다. 부동산, 주식, 채권, 암호화폐 등 여러 가지 분야에 관해 관심을 가지고 지식을 쌓지 않고서는 내가 내리는 결정의 기회비용이 얼마나 크고 작은지 알 방도가 없다. 그러므로 여러 자산 분야에 대한 정보를 꾸준히 습득하는 것이 중요하다.

책, 유튜브, 온라인클래스 등 수많은 정보가 클릭 몇 번에 쏟아져 나오는 시대를 살면서도 무관심으로 선택지를 제한하고 자본주의 시스템에 역행하길 선택한다면, 스스로 자유를 박탈하고 노동자로 살기를 자처하는 것이나 다름없다.

매일 출퇴근 사이에 단 30분만 투자해 다양한 분야에 관심을 가지고 스스로 지식을 업데이트해 보길 권하고 싶다, 이러한 습관은 필히 당신의 사고범위를 넓혀주고 기회비용을 고려해 취할 수 있는 이익의 범주를 넓혀줄 것이다.

재무학 개론
: 돈이 불어나는 원리

자본의 시간가치

"오늘의 만 원은 내일의 만 원보다 높은 가치를 지닌다."

대학 기초 재무 강의에 나오는 내용이다. 경제적 자유는 시간과 돈의 상관관계를 이해하는 데에서부터 시작된다.

돈의 시간적 가치는 가치가 하락하는 화폐의 특성을 생각하면 당연한 개념이다. 가치가 하락한 1년 후의 돈보다 오늘 돈의 가치가 더 높은 것이다. 돈의 시간적 가치 때문에 우리는 돈을 빌리거나 빌려줄 때 이자를 주고받는다. 은행에 예·적금 시스템을 통해 돈을 맡기는 행위는 사실 은행에 돈을 빌려주고 그에 상응하는 이자를 받는 것이다.

100만 원을 연 3%의 이자로 빌려준다면 100만 원은 1년 후에 103만 원이 되어있을 것이기 때문에 오늘의 100만 원은 1년 후의 100만 원보다 값지다. 100만 원을 연간 약 8%의 수익률을 내는 자산으로 가지고 있을 경우 10년 후엔 복리의 영향을 받아 200만 원 이상으로 불어난다. 혹은 2024년 12월 기준 아이폰을 만든 애플사의 주식을 10년 전에 100만 원어치 구입했더라면 10년 전의 100만 원은 오늘날엔 약 10배인 1천만 원의 가치를 지닌다.

은행을 포함한 금융기관이라는 영리업체의 특징을 자세히 들여다보게 되면 자본주의와 돈의 시간적 가치에 대한 이해가 한층 더 명료해진다. 은행은 최소한의 이자를 지급해 고객으로부터 예금을 유치하고 이를 활용해 더 큰 수익을 만들어 낸다. 은행들끼리 서로 더 많은 자본을 유치하기 위해 더 높은 이자를 제공하는 싸움을 벌이는 이유가 무엇일까? 이들은 대중이 노동을 통해 생산한 자본과 시간의 특성을 활용해 자본 규모를 키워나간다.

돈의 시간적 가치를 직관적으로 나타내는 것이 바로 물가상승률 Inflation Rate이다. 화폐의 가치가 하락하지 않는다면 물가상승도 딱히 일어날 이유가 없다. 대중은 물가상승을 피부로 느끼면서도 물가상승이 일어나는 근본적인 이유에 대해서 생각조차 해보지 않는 사람이 부지기수다. 20년 전 500원에 사 먹던 아이스크림이 현재는 3,500원에 판매되고 있고, 한 줄에 1,000원이던 김밥이 6,000원에 팔리는 것만 보아도 물가상승의 폭과 그에 따른 화폐가치 하락의 정도를 체감할 수 있지만 대중은 자신이 은행에 쌓아둔 돈의 가치가 폭락하고 있다는 사실을 인지하지 못한다. 그들은 그저 통장에 찍혀 늘어나는 숫자에 현혹된 상태로 자본가들에게 이용당한다.

돈의 시간적 가치를 이해한 사람은 자신의 자본을 보호할 수 있는 방법에 대해 고민하고 해답을 찾는다. 더 나아가 자본주의의 구조와 원리를 이해한 사람은 자신의 자본이 더 큰 가치를 지닐 수 있도록 지속가능한 가치저장법을 채택해 자본가로 성장한다.

돈의 시간적 가치의 또 다른 의미

노동자   내 시간으로 당신의 돈을 사겠소.
자본가   좋소, 이제 당신이 나를 대신해 일할 테니 내 시간은 나를 위해 쓸 수 있겠군.

모든 인간에게 시간은 똑같이 주어진다. 하루에 24시간. 평균적으로 하루의 24시간 중 8시간은 수면에 사용되고 8시간은 출퇴근, 여가, 식사, 자기관리, 휴식 등으로 소비하며 나머지 8시간은 노동을 통해 돈을 생산한다. 이와 같은 시간분배는 국가별 업무환경이나 기준 혹은 개인의 신체적 차이별로 다르겠지만 노동에 투자되는 시간이 세계에서 가장 높은 대한민국에서의 경제적 자유는 더 큰 의미를 갖는다. 한국은 2022년도 OECD 통계 기준 경제활동 시간이 1,901시간으로 세계에서 가장 길고 출퇴근 시간도 평균 58분으로 가장 길다.

아침 7시에 일어나 출근 준비를 마치고 9시까지 출근해 6시에 퇴근 후 7시가 넘어서야 귀가하는 일상은 비단 소수만이 공감하는 일상은 아닐 것이다. 이렇게 매일 평균 12시간을 들여 구입하는 돈의 가치를 지키지 못한다면 당신은 소중한 시간을 밑 빠진 독에 퍼붓고 있는 셈이다. 사람의 수명과 노동이 시간적 가치를 가지듯 자본 또한 시간적 가치를 지닌다. 현재의 자본주의 시스템 안에서 시간이 지날수록 화폐는 가치를 잃지만, 공급이 유한하고 수요가 높은 자산의 가치는 상승하게

끔 설계되어 있다.

| Summary |

오늘의 만 원은 내일 보다 더 높은 가치를 지닌다.

돈은 시간이 지날수록 가치를 잃는다.

이것을 직관적으로 나타내는 것이 물가상승이다.

반대로 자산은 시간이 지날수록 가격이 상승한다.

노동시간이 세계에서 가장 긴 한국에서 돈의 시간적 가치는 더 큰 의미를 갖는다.

복리는 시간을
이기는 무기

　복리_{Compound Interest}란 투자금에 이자 혹은 수익을 더한 금액에 다음 이자·수익이 곱연산되는 방식을 말한다. 예를 들어 100만 원을 연간 10%의 수익·이자가 발생하는 상품에 20년간 투자한다고 가정했을 때, 원금 100만 원의 10%인 10만 원을 단리_{Simple Interest}라 한다. 단리로 20년간의 수익을 계산하게 되면 '10만 원 × 20년 = 200만 원'으로 '원금 100만 원 + 20년간의 이자 200만 원 = 300만 원'이 된다. 그러나 10%의 수익을 복리로 계산할 경우 100만 원은 20년 후에 약 674만 원이 된다. 이는 매년 이자가 재투자되면서 받은 이자에 이자가 붙게 되기 때문이다.

　다음 차트를 보면 첫해에는 100만 원의 10%인 10만 원을 더해 110만 원이 되었지만, 이듬해부터는 110만 원의 10%인 11만 원이 더해져 121만 원으로 늘어나고 이러한 복리가 반복되어 20년 후엔 원금이 6.7배로 증식하는 폭발적인 상승을 보여준다.

년	원금	이자 10%	원금 + 이자
1	100만 원	10만 원	110만 원
2	110만 원	11만 원	121만 원
19	556만 원	55.6만 원	612만 원
20	612만 원	61.2만 원	674만 원

복리와 적립식 저축을 병행하게 되면 더욱더 놀라운 차이가 나타난다. 개인이 매달 100만 원을 S&P 500(미국판 코스피)에 30년간 저축했다면 현재는 22억 원이 되어있을 것이며, 50년간 저축했다면 172억 원 이상으로 늘어났을 것이다. (S&P 500의 지난 30년 연간 평균 수익률 9.90%로 계산)

원금 = [100만 원 × 360개월(30년) = 3억 6천만 원]

[100만 원 × 600개월(50년) = 6억 원]

년	원금	이자 9.9%	원금 + 이자
1	1,200만 원	54만 원	1,254만 원
10	1억 2천만 원	약 8,340만 원	약 2억 원
20	2억 4천만 원	약 5억 800만 원	약 7억 4,800만 원
30	3억 6천만 원	약 18억 4,500만 원	약 22억 원
50	6억 원	약 167억 원	약 172억 원

부부가 매달 300만 원을 같은 방식으로 15년간 저축했다면 현재는 11억 원으로 불어났을 것이고, 30년간 모았다면 68억 원으로 늘어났을 것이다. (S&P 500의 지난 30년 연간 평균 수익률 9.90%로 계산)

원금 = [300만 원 × 180개월(15년) = 5억 4천만 원]

　　　　[300만 원 × 360개월(30년) = 10억 8천만 원]

년	원금	이자 9.9%	원금+이자
1	3,600만 원	190만 원	3,790만 원
5	1억 8천만 원	5,600만 원	2억 3,600만 원
15	5억 4천만 원	7억 1,800만 원	12억 5,800만 원
30	10억 8천만 원	57억 7,000만 원	68억 5,000만 원

위의 예시와 같이, 복리와 시간이 결합하게 되면 엄청난 결과를 가져온다.

| Summary |

복리란 이자에 이자가 붙는 것을 말한다.

복리의 힘을 이용하라. 당신은 남들보다 몇 배는 앞서나가게 될 것이다.

복리는 시간과의 작용으로 생기는 힘이다.

오랫동안 꾸준히 인내심을 가지고 그 힘을 경험하라.

> 평범한 사람들이
> 종목을 쫓을 때,
> 부자들은 습관을 쫓는다.

CHAPTER 4

자본가의 지식창고

사고방식과 습관이 자산이다

UNKNOWN
RICH

자본가는
어떤 사고방식을 갖는가

"아는 것에 투자하라." _피터 린치

사람은 각자 고유의 재능을 가지고 태어난다. 누군가에겐 너무나도 분명하고 쉬운 것이 누군가에겐 난해한 것이기도 하다. 예를 들어 추리·추론에 능하지만, 생명과학엔 젬병인 사람은 뛰어난 법률가가 될 수 있을지언정 뛰어난 의사가 되기는 어려울 것이다. 이와 같은 맥락으로 투자에 있어서 누군가에겐 부동산 시장의 원리가 이해하기 쉬울 수 있고, 다른 누군가에겐 주식시장이 좀 더 명료해 보일 수 있다.

또한 주식시장 내에서도 다양한 분야의 기업이 존재한다. 통신Communication Services, 임의소비재Consumer Discretionary, 필수소비재Consumer Staples, 에너지Energy, 금융Financials, 의료Health Care, 산업Industrials, 기술Information Technology, 원자재Materials, 부동산Real Estate, 유틸리티Utilities 등의 대표 분야 중에서 각 개인에게 쉽게 와닿는 분야가 존재한다.

특정 분야의 산업이나 기업이 어떤 수익구조로 되어 있는지 이해하고, 변화하는 경제·시장 상황에 따라 이익이 감소할지 증가할지 가늠이 되는지가 포인트다. 하지만 다수의 투자자는 내가 잘 이해하고 분석할 수 있는 분야가 아닌, 미디어가 떠들거나 가격이 급부상하는 과평가된 대상으로 관심을 기울인다. 그리고 이들은 결국 이해하지 못하는 대상의 가격이 하락하면 겁에 질려 매도하고 손실을 본다. 반대로 내가 잘 이해하고 아는 대상이라면 가격이 일시적으로 하락할지라도 어떻게 대처해야 하는지 이성적으로 분석하고 판단해 일시적 손실을 수익으로 전환하거나 손실을 최소화할 수 있다.

내가 이해하지 못하는 대상에 투자하는 것만큼이나 위험한 것은 없다. 이것은 면허도 없이 운전대를 잡고 고속도로를 주행하는 꼴이나 다름없다. 누구나 여러 분야 중 개인이 쉽게 이해할 수 있는 분야가 존재한다. 이해할 수 있는 것에 투자한다면 투자성공률은 이해하지 못하는 것에 투자하는 사람에 비해 크게 높아진다.

이해하지 못하는 대상에 투자한다면 기필코 후회하게 된다. 투자 대상에 대한 아무런 이해 없이 하락장을 맞이한다고 상상해 보자. 당신은 아무런 이유도 모른 채 하락하는 주식을 팔지 않고 들고 있을 자신이 있는가? 이 회사가 파산하지 않으리라고, 또 미래에 주가가 회복하리라고 확실할 수 있겠는가? 대부분의 투자자는 하락장을 버티지 못하고 자산을 비싼 값에 사서 싼 값에 매도하는 과정에서 손실을 본다. 이후에 회복하는 주가를 지켜보며 자신의 매도결정을 후회한다.

"자신이 이해할 수 있는 것에 투자하라." _워런 버핏

리스크를
피하지 않고 다룬다

미래를 볼 수 있는 신이 아니라면 투자에 있어서 리스크 관리는 필수적이다. 인간은 때로 상상하지도 못한 재난으로부터 위협받는다. 이러한 예기치 못한 위험으로부터 자산을 보호하기 위해 미리 대비하는 행위를 리스크 관리라 한다. 리스크를 최소화할 수 있는 방법은 다양하다. 하지만 가장 필수적이고 기본적인 법칙만 지키더라도 충분한 안정성을 갖출 수 있다.

① **현금 유동성 확보**
유동성 확보란 언제든 현금으로 전환해 사용할 수 있는 가격 변동성이 없거나 낮은 예·적금 또는 단기채권 등을 포트폴리오에 확보해 놓는 것을 의미한다. 유동성 확보는 실직이나 코로나 같은 재난 상황, 질병상 이유로 수입이 없어지는 경우에 대비해 일상생활을 지속하는 데 있어 금전적으로 부족함이 없도록 하기 위함이다. 통상적으로 6개월 이상 수입이 없어도 일상생활을 지속하는 데 무리가 없을 정도의 금액 이상이면 적당하다. 개인 기준 월 총지출이 250만 원이라면 1,500만

원 이상은 즉시 현금화할 수 있는 유동성을 확보하는 것이 좋다.

② 안전자산 확보

60:40 전통적 포트폴리오의 100% 구성 중 40%의 비중을 차지하는 안전자산은, 60%의 공격적 자산과 상관성이 적거나 없는 자산을 뜻한다. 안전자산은 현금 유동성과 궤가 같지만, 목적성이 조금 다르다. 현금 유동성 확보는 일상생활에 지장을 주는 위험요소들로부터 생활을 지키기 위한 안전장치라면, 안전자산은 나의 포트폴리오를 시장의 변동성으로부터 지켜주기 위한 장치다.

증시의 조정은 순식간에 찾아온다. -30% 내외의 폭락이 단 며칠 사이에 발생하는데 이러한 하락은 위험이자 기회이다. 자산의 100%가 증권에 투자되어 있다면 증시의 하락은 위기 그 이상도 이하도 아니지만 안전자산·현금을 보유한 투자자에게 하락은 값싸게 주식을 매수할 수 있는 기회이다. 2020년 코로나 창궐 당시 증시가 30% 하락하는 데 걸린 시간은 단 7일이었다. 안전자산을 확보해 두었던 투자자들은 이 기회를 놓치지 않았고 30% 이상 싸진 자산들을 매입해 수익을 올렸다. 증시가 폭락하는 데 걸린 시간이 짧았던 만큼 다시 회복하는 데까지는 6개월도 채 걸리지 않았으며 수많은 종목이 그 짧은 시간 동안 2배 가까이 폭등했다.

③ 분산투자

분산투자 Diversification는 가장 기본적인 리스크 관리법이다. 모든 달걀을 한 바구니에 담지 말라는 유명한 말을 들어보았을 것이다. 모든 달걀이 담긴 하나의 바구니를 떨어뜨리면 모든 달걀이 깨진다. 하지만 달걀을 여러 바구니에 나눠 담는다면, 하나의 바구니를 떨어뜨려 하나의 달걀이 깨져도 나머지 수십 개의 달걀은 건재하다. 예상치 못한 위기로 한 회사의 주가가 폭락하거나, 상장폐지의 말로를 걷더라도 다른 바구니에 담겨 있는 달걀들이 손실을 메꿔줄 수 있다. 펀드의 순기능도 이러한 분산투자 효과에 있다.

대다수 거물급 펀드매니저들은 일반인들보다 몇 배는 더 뛰어난 정보력을 가지고 있다. 그들은 그런 정보력을 이용해 소수의 자산에 집중 투자해 엄청난 수익을 올릴 수 있음에도 불구하고 그들의 포트폴리오는 언제나 분산투자 되어 있다. 왜 일까? 그들은 겸손하다. 아무리 똑똑하고 유능한 사람일지라도 미래를 알 수 없다는 사실은 변함이 없고 그들의 돈을 탐하는 시장 내의 반대세력이 언제나 존재한다. 또한 사람인 이상 불시에 찾아오는 악재 또한 피해 갈 수 없다. 그렇기 때문에 우리는 반드시 분산화된 포트폴리오를 구성해야 한다. 부동산, 펀드, 암호화폐, 채권, 현금 등 리스크가 분산되어 있다면 특정 시장에 위기가 찾아와도 자산을 지킬 수 있다.

한때 전 세계의 이목과 기대를 받았던 노키아와 블랙베리는 한순간 시대에 뒤처졌다. 주가는 폭락했고 두 번 다시 일어서지 못했다. 한때 130달러에 거래되던 블랙베리의 주가는 현재 2달러선을 겨우 지키고 있다. 누군가는 블랙베리와 노키아가 영광을 누리던 때에 자신이 일생을 바쳐 일궈온 전 재산을 두 회사의 주식에 올인했을 것이다. 2008년 금융위기를 맞아 증시와 함께 폭락했지만 결국 회복했던 증시와는 다르게 두 회사는 일어서지 못했고 여전히 고개를 숙이고 있다. 두 회사가 영원한 영광을 누릴지 현재와 같은 비극을 맞이할지는 당시에 그 누구도 알 수 없었지만, 분산투자를 했더라면 전 재산이 휴지 조각이 되는 비극은 피할 수 있었을 것임은 분명하다. 만약 두 회사가 포트폴리오에 포함된 20개의 달걀 중 2개에 불과했다면 손실의 규모는 현저히 줄어들었을 것이다.

④ 분할매수

분산투자만큼이나 중요한 것은 분할매수다. 미래를 볼 수 없다는 사실을 인정하고 나면 현재 자산의 가격이 과대평가 혹은 과소평가 되어 있는지 알 수 없다는 사실도 인정할 수밖에 없다. 변동성의 존재는 가격의 불균형을 만들고 미래가격에 대한 불확실성을 암시한다.

이러한 가격의 불균형과 불확실성에 대한 문제를 해결해 주는 것이 분할매수를 통한 평균단가 조정이다. 예를 들어 1,000만 원의 목돈을 자본시장에 투입하고자 한다면 가격의 상승만을 보고 한 번에 자산을 매입하는 것이 아니라, 하락의 경우를 대비해 4차례에 나누어 매수함으로써 매수평균가를 자산의 공정가치에 가깝게 매입한다. 만약 최근에 상승을 이어온 자산의 가격이 100달러라면 한번에 1,000만 원을 투입하기보다 과거 자산의 가격변동 폭을 참조해 250만 원씩 4번에 걸쳐 매수한다. 만약 최대 변동 폭이 -30%라면 총자본의 1/4인 250만 원은 즉시 매입하고 나머지 금액은 3번에 걸쳐 -10% 이상의 하락이 발생할 때마다 매입한다. 가격이 하락하지 않고 우상향하더라도 조정 없이 원웨이로 상승하는 경우는 없기에 가격 조정을 겪을 때마다 추가로 매입하거나 가격이 과열되었다고 판단될 경우 저평가된 다른 자산을 매입하는 것이 적합하다.

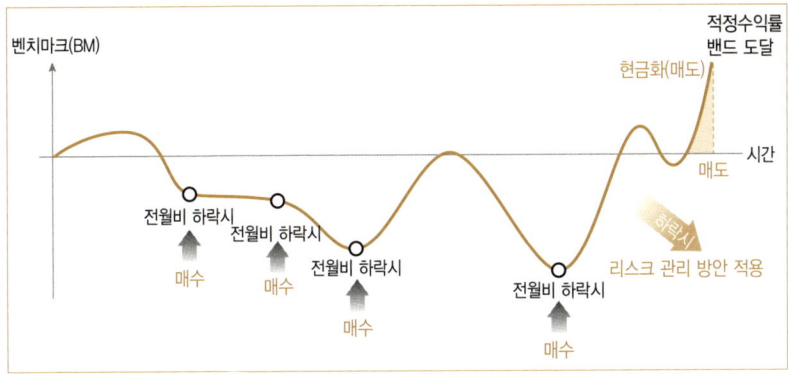

분할매수의 이점은 평균가격 조정뿐 아니라 실제로 수익률을 높여주는 효과마저 동반한다. 이에 대한 설명은 뒷부분에 자세히 다루었다.

투자와
투기는 다르다

투기는 도박이란 단어를 그럴듯하게 포장한 말이다. 투자와 투기는 둘 다 금전적 이득을 취하기 위한 행위라는 점에서 언뜻 비슷해 보이지만 확연하게 다른 의사결정 메커니즘을 가진다. 투자란 논리와 미래가치적 근거에 기반하여 (자본주의 시장원리) 가격이 오를 것으로 판단되는 자산들을 매입해 장기적인 이익을 취하는 행위를 뜻한다면, 투기는 자산의 미래가치나 장기적 목표보다 오롯이 금전적 이득을 취하기 위해 손익비나 확률을 기반으로 내리는 결정을 일컫는다고 할 수 있다.

우리는 투자라는 명목하에 투기를 하고 있는 자신을 마주할 때가 있다. 장기적 목표를 가지고 구매한 자산의 가격이 하락할 때마다 사고 팔고를 반복하거나 단기이익을 취할 생각으로 매일처럼 주식 차트를 들여다 보고 있다면, 이것은 투자가 아닌 투기다. 당신이 하고자 하는 것이 투자인지 투기인지 명확히 하고 그게 맞는 전략을 갖추어라.

자본가의 무기
: 시간과 습관

시간

시간은 모든 인간에게 공평하게 주어진 유한한 자산이며, 자본주의 피라미드 꼭대기에 있는 사람일수록 시간의 중요성에 대해 강조한다. 병사나 사고사와 같은 악재 등의 경우를 제외하곤 모든 인간은 비슷한 양의 시간을 살기에 시간을 어떻게 사용하는지에 따라 모두 다른 삶을 살게 된다.

우리는 평균수명 90세의 시대를 살고 있다. 노동자의 시간을 하루 단위로 들여다보면 평균적으로 수면, 경제활동, 경제활동 준비, 식사, 출퇴근 등에 소요되는 시간을 제외하고 자신과 가족을 위해 쓸 수 있는 시간은 고작 하루 4~5시간과 주말뿐이다. (주말이 있는 노동자의 삶이라면)

경제적 자유를 얻게 되는 순간 당신의 시간을 어떻게 사용할지는 온전히 당신 마음이다. 여행을 떠나든, 사랑하는 이들과 시간을 보내던, 혹은 다른 무엇을 하건, 당신을 옥죄는 족쇄가 풀리는 순간 당신이 가지게 될 고민과 스트레스는 출퇴근, 직장상사와의 관계, 실적 압박, 승진을 위한 아부와 정치, 그리고 이직 따위에서 좀 더 아름다운 고민으로 바뀐다. 다음 주엔 어떤 파티에 참석할지, 올 여름엔 어떤 나라로 여행을 떠날지, 추운 겨울엔 어느 나라로 가야 따뜻한 시간을 보낼 수 있을지에 대한 고민 등으로 말이다.

투자에 있어 시간은 여러 가지 의미로 해석되며 다양한 이점을 시사한다. 시간은 단기변동성 리스크를 줄이기도 하고 복리의 힘을 발현시키며 수익을 극대화한다.

① 변동성

변동성은 말 그대로 단기적인 가격의 변칙적 움직임을 말한다. 변동성이 존재하는 이유는 시장이 활성화되어 있고 시장참여자에 의해 가격에 대한 편견과 추세가 생기기 때문이다. 경매장을 생각해 보면 변동성이 왜 생기는지 이해가 쉽다. 예를 들어 매우 인기 있는 미술품이 경매에 나왔다고 가정해 보자. 정확한 가격과 가치가 매겨지지 않은 이 미술품을 원하는 사람이 많다면 너도나도 미술품을 구입하고자 입찰가를 불러댈 것이다. 많은 사람이 입찰을 하다 보면 입찰자들의 머릿속엔 다양한 심리가 구축된다. 가지고 싶다는 욕망, 가격이 점점 더 오를 것이라는 기대감, 경쟁에서 이기고자 하는 승부욕 등. 이런 다양한 심리가 구축된 상태에선 입찰가격이 공정가치 이상으로 상승하게 된다.

반대로 가격이 하락할 때도 마찬가지다. 다수의 사람들이 서로 처분하고 싶은 골동품을 가지고 경쟁을 벌인다면 서로 먼저 팔기 위해 낮은 가격에 가치를 매기게 되고 결국 공정가치보다 낮은 가격이 형성된다.

이러한 변동성 안에서 일시적으로는 공정가치보다 과하게 높거나 과하게 낮은 가격이 형성되지만, 시간이 흐르면서 가격은 제자리를 되찾게 된다.

결국 가격은 사람의 심리가 부여하는 임의의 값이다. 편의점에서 물 한 병이 1,000원으로 값이 매겨진다면, 콘서트장이나 무더운 여름날 편의점이 없는 길거리에서 파는 물 한 병은 3,000원, 5,000원 혹은 장소에 따라 그 이상까지도 값이 매겨진다. 즉, 상황에 따른 수요의 변화에 따라 가격도 변화한다. 주식시장도 같다. 어떠한 이유든 가격이 오를 것이라는 심리가 구축되면 사람들은 더 높은 가격을 지불하면서라도 주식을 매수하고, 반대로 가격이 떨어질 것이라는 심리가 작용하면 손해를 보더라도 더 큰 손해를 보지 않기 위해 팔아넘기기에 바쁘다.

또한 서로가 더 싼 값을 지불해 구입하고 더 비싼 값에 팔기를 원한다. 그렇게 다양한 심리에 의해 가격은 등락을 반복한다. 때로는 한쪽으로 기울어진 심리가 큰 변동성을 만들어내기도 한다. 하지만 거래하는 대상의 가치가 훼손되거나 하는 등의 특수한 사건이 없는 한 이는 단순히 가격이 변하는 것일 뿐 실제로 거래되는 대상의 가치가 변하는 것은 아니다. 시장에 참가하는 사람의 생각과 심리가 변화하는 것일 뿐, 자산의 가격은 계속해서 변동성을 겪으며 공정가치를 되찾고, 장기적으로는 자본주의 시스템에 기반해 가격상승을 이루어낸다. 이렇게 단기변동성을 거쳐 결국 공정가치를 찾아가는 현상을 가격 평균 회귀 Price Return to Median라고 부른다.

투자에서 시간을 중요하게 여기는 가장 큰 이유는 변동성 때문이다. 가격이 공정가치를 찾아가는 데까지는 시간이 걸리지만 단기변동성을 버텨낼 시간만 있다면 변동의 폭이 어떻든 간에 이에 영향을 받지 않고 미래의 가치와 가격에 집중할 수 있다. 시간이 지나고 나면 변동성은 지나가고 미래의 가치와 가격만이 남는다.

② 복리

'복리$_{\text{Compound Interest}}$ × 시간$_{\text{Time}}$ = 부$_{\text{Wealth}}$'의 공식은 부자들이라면 익히 알고 있는 공식이다. 가난한 자들은 하룻밤 사이에 돈방석에 앉길 꿈꾸지만 그걸 가능케 하는 건 복권같이 천운을 필요로 하는 것뿐이다. 당신이라면 될지도 안 될지도 모르는 작은 확률에 당신의 미래를 맡길 것인가? 아니면 복리와 시간의 힘으로 자신의 미래를 개척할 것인가?

시간의 힘이 복리와 결합하면 마치 세포가 분열하듯 돈이 복제된다. 만약 당신이 1,000만 원을 연간 10%의 수익을 얻는 대상에 투자했다면 약 25년 후엔 복리에 의해 1억 원을 훌쩍 넘기게 될 것이다. 복리가 아닌 단리식 투자라면 1,000만 원이 1억 원이 되기까지 걸리는 시간은 90년이다.

시간과 복리의 힘을 잘 표현한 영화가 있다. 〈인터스텔라〉라는 영화에서는 주인공 쿠퍼가 중력의 힘을 이용해 시간의 벽을 뛰어넘으며 미래와 과거를 연결해 인류를 구한다. 어린 딸과 아들 하나를 둔 중년의 주인공 쿠퍼는 자연재해로 멸망해 가는 지구로부터 인류를 이주시킬 행성을 찾기 위해 우주로 향한다. 쿠퍼와 팀은 여러 우주 행성을 탐사하던 도중 밀러 행성이라는 외행성을 방문하게 되는데, 이 행성은 질량과 중력의 영향으로 이곳에서 보내는 1시간은 지구에서의 7년이라는 시간적 괴리가 존재했다. 그렇기 때문에 이 행성에서 필요 이상으로 오래 머물게 된다면 지구로 귀환했을 때 자신을 제외한 모두가 늙어버리거나 죽고 없어진 후가 될지도 모르는 일이었다. 하지만 인류를 구하기 위해 3개의 행성을 탐사해야 하는 임무를 부여받은 쿠퍼는 밀러 행성이 인류가 살아갈 수 있는 행성인지 확인하기 위해 탐사에 나서게 되는데, 탐사도중 자연재해로 인해 필요 이상의 시간을 허비하고 이에 따라 이미 다른 사람들보다 23년을 더 느리게 살게 된다. 쿠퍼는 탈출 후 우주선으로 귀환하지만, 우주선에서 기다리던 동료는 이미 23년이 흘러 늙어버린 후였다. 지나버린 시간도 문제였지만 더 큰 문제는 나머지 2개의 행성을 모두 방문할 연료가 부족했고 이 문제를 해결하기 위해 쿠퍼는 블랙홀을 이용해 시공간을 뛰어넘는다. 이 블랙홀을 지나며 쿠퍼는 시공간을 초월한 테서렉트라는 큐브형 5차원의 공간에 갇히게 되는데, 이 안에서 인공지능 로봇 타스로부터 인류를 구할 수 있는 중력방정식을 완성할 답을 듣게 되고, 이 해답을 시공간을 초월한 공간인 테서렉트를 이용해 과거의 딸에게 전달한다.

결과적으로 영화에서 인류는 쿠퍼의 시간과 중력을 이용한 판단 덕분에 새로운 행성으로 이주해 멸망으로부터 구원받는다. 중력과 시간을 다룬 영화〈인터스텔라〉는 공상과학 영화이지만 현실성 있는 과학적 근거를 바탕으로 만든 작품으로 복리와 시간의 힘을 연상시킨다. 쿠퍼가 블랙홀을 이용해 우주선의 추진력을 얻은 것처럼 복리효과가 시간과 결합하면 90년이 걸리는 일을 25년 만에 해낼 수 있다.

습관

미국의 심리학자 윌리엄 제임스는 다음과 같이 이야기한다.

"같은 생각을 여러 번 반복하면 습관으로 굳어버린다. 성격도 생각하는 방향으로 바뀐다. 그러니 생각을 원하는 방향으로 바꾸고 그 상태를 당당히 유지해 새로운 습관을 들여라."

적립식 투자 또는 분할매수DCA, Dollar Cost Averaging는 일정한 시간 간격을 두고 여러 번에 걸쳐 자산을 매입하는 것을 뜻한다. 너무나도 단순하게 들리는 적립식 투자기법은 어떠한 기술도 요구되지 않으며 오로지 습관 또는 꾸준함만을 필요로 한다. 이 습관은 놀랍게도 수익률을 상승시키는 효과가 있다. 이는 실제 데이터 백테스팅을 통해 입증되었는데, 앞서 이야기한 변동성에 의해 발생하는 공정가격과 가격의 괴리에 대한 문제를 해결함으로써 수익률을 상승시킨다.

우리는 자산의 미래가격을 예측할 수 없다. 오늘 A 주식을 매수한다면 변동성 탓에 내가 매수하는 가격이 기업의 가치 대비 낮은 가격인지 높은 가격인지 알 수 없다. 앞으로 가격이 오를 것으로 생각해 투자를 감행해도 오히려 가격이 내려가는 경우가 있고, 반대로 가격이 이미 너무 많이 올랐다고 생각해 매수를 미뤄두었으나, 가격이 걷잡을 수 없이 올라 수익을 놓치게 될 때도 있다.

많은 시장참여자들이 낮은 가격에 매수를 하기 위해 그리고 가격이 가장 높을 때 주식을 매도하기 위해 애쓴다. 하지만 분할매수가 얼마나 큰 효과를 보이는지 확인하고 나면 가격을 예측하려는 노력이 부질없다는 생각이 들지도 모른다. 미래를 예측하는 것이 가능했다면 이미 월스트리트 정보의 최전방에 있는 전설적인 투자자들은 언제나 최저점에 매수하고 최고점에 매도하고를 반복했겠지만, 현실은 전설의 투자자들조차도 그 누구도 미래를 예견할 수 없다고 말하며 겸손한 자세로 시장에 참여한다.

앞서 말한 대로 전문가들이 입을 모아 분할매수의 중요성과 강점을 강조하는 데에는 확실한 근거가 있다. 습관적으로 적립식 매수를 하게 되면 가격이 변동하는 동안 자연스레 여러 가격대에서 매수를 하게 되므로 총평균매수가격이 변동성의 평균치로 수렴하게 된다. 쉽게 말해 가격이 위아래로 파도치는 동안 여러 가격대에서 자산을 매수하게 되니 높지도 낮지도 않은 적절한 가격에 자산을 구입할 수 있게 되는 것이다. 이러한 단순한 매수법만 실천하더라도 인간의 감정과 심리로 인해 발생하는 오류로 인한 손실을 줄이고 알 수 없는 미래를 예측하는 데에 쓰는 시간과 에너지를 아낄 수 있다.

캐나다 RBC Global Asset Management의 데이터 백테스팅 연구에 따르면 분할매수 기법은 뛰어난 수익률을 만들어 낸다. 이 연구는 총 6,000만 원을 지난 20년간 4가지 방법으로 다르게 투자했을 때 어떠한 차이를 보였는지 나타낸다.[9]

시나리오 1	20년간 6,000만 원을 연간목표수익률이 6%인 펀드에 1,200만 원 씩 5회에 걸쳐 매번 최저가격에 매수했을 때의 결괏값 = 1억 3,564만 원 (+7,564만 원)
시나리오 2	20년간 6,000만 원을 매월 25만 원씩 분할 적립 매수했을 때의 결괏값 = 1억 2,548만 원 (+6,548만 원)

시나리오 3	20년간 6,000만 원을 연간목표수익률이 6%인 펀드에 1,200만 원 총 5회에 걸쳐 매번 최고가격에 매수했을 경우 결괏값 = 1억 1,796만 원 (+5,796만 원)
시나리오 4	20년간 예금상품에 투자했을 경우 결괏값 = 6,966만 원 (+966만 원)

시나리오 1&3과 같이 항상 최저점 혹은 최고점에 매수하는 것은 불가능하다. 분할매수했을 경우와 불가능을 실현했을 때의 수익률을 비교해 보면 20년이란 투자기간 동안의 결괏값 차이가 약 8%로 불가능을 실현한 것 치고 그 차이가 매우 미미하다고 볼 수 있다.

결국 이 연구데이터가 우리에게 전달하는 메세지는 하나로 요약된다. 시장을 예측하는 일은 무의미하며 습관을 통한 분할매수가 수익률을 높일 뿐 아니라 시장을 예측하는 데에 드는 시간과 에너지를 절약한다는 것이다.

결론적으로 투자자로서 분할매수의 이점을 이용하지 않을 이유가 없다. 변동성으로 인한 가격의 괴리를 이용해 수익을 내는 트레이더라면 모르겠지만 대다수의 노동자들에게 분할매수기법은 필수적이다.

| Summary |

습관은 시간과 복리를 극대화 시킨다.

DCA(분할매수)는 수익률을 높인다.

미래를 예측하는 것은 불가능하며 무의미하다.

UNKNOWN
RICH

"

우리가 책을 읽는 이유는
시행착오를
줄이기 위함이다.

"

CHAPTER 5

시행착오

심리가 만든 착각의 덫

UNKNOWN
RICH

예측과 도파민에 중독된 우리

 인간은 예측하는 행위를 즐긴다. 예측이 딱 들어맞을 때만큼 기분 좋은 것도 없다. 하지만 투자에 있어서만큼은 예측하는 행동을 지양해야 한다. 예측하는 투자는 투기 성향을 띠게 되기 때문이다. 도박을 즐기는 사람일수록 투자보단 투기식으로 자본시장을 활용할 확률이 높다. 예측하고 맞추는 행위가 주는 도파민 자극에 중독되어 증권시장을 합법적 도박장으로 이용하는 경우도 허다하다. 예측이란 리스크 관리 등을 목적으로 발생할 수 있는 위험에 대비하기 위한 개념으로 사용되어야만 투자라는 행위에 부합한다. 수익을 목적으로 하는 예측은 투자를 투기로 탈바꿈시킬 확률이 매우 높다.
 2020년 코로나가 창궐하고 증시가 하루아침에 폭락했다. 내가 상업은행 투자자문역에 임했을 때의 일이다. 클라이언트가 찾아와 30%의 손실이 났고 더 손실을 보기 전에 펀드를 판매하고 출금하기를 원했다. 그는 암담했던 분위기에 휩쓸려 증시가 더 하락하리라고 예측하였고 나는 증시의 단기 변동성과 특수한 상황을 설명하며 그를 만류했다. 그는 나의 만류에 마음을 바꾸고 돌아갔지만, 며칠 뒤 다른 지점에서 펀드를 모두 현금화한 사실을 훗날에야 알게 됐다. 안타깝게도 그 후에 한 달이 채 안 되어 증시 지수가 빠르게 회복하며 30%의 하락이 순식간에 복구되는 상황이 펼쳐졌다.

그 클라이언트는 어떤 심정이었을까. 그는 그때 다른 지점에서 펀드를 현금화하지 않았더라면 아무런 손실도 입지 않았을 뿐만 아니라 2024년인 지금까지 아주 높은 수익률을 누렸을 것이다. 2020년 대비 나스닥은 3배가량 상승했다. 결국 그 클라이언트는 예측 탓에 큰 손실을 보았다. 그 후로도 아마 그는 손실의 기억 때문에 다시는 펀드를 사지 않았을 확률이 높다.

예측하는 행위는 주가가 하락했을 때뿐만 아니라 증시가 매일 신고가를 갱신하며 상승하는 상황 속에서도 부정적으로 작용할 수 있다. 나는 2020년 2월 초 팬데믹에 대한 기사가 세계화되는 순간 위기를 감지하고 모든 주식과 펀드를 현금화했다. 덕분에 증시가 폭락했을 때 주식을 값싸게 매수할 수 있는 기회를 잡을 수 있었고, 폭락 전 340불 선에서 거래되던 보잉 주식이 80~90달러까지 폭락한 순간 주식을 대거 매수했다. 주식은 하루아침에 20% 이상 폭등하였고 코로나가 장기화될 거라고 예측했던 나는 주가 반등을 일시적 반응으로 판단해 차익실현을 위해 매도했다. 그 후 다시 가격이 내려갈 순간만을 기다렸지만, 보잉은 단 1주일 만에 162달러 그리고 3개월 만에 매수가격의 2배가 넘는 200달러를 돌파했고 나는 눈앞에서 돈을 두 배로 불릴 기회를 놓쳤다. 결국 예측하는 행위가 증시폭락이라는 위험으로부터 나의 자산을 지켜주었지만 반대로 증시가 회복될 때 수익을 목적으로한 예측으로 인해 큰 기회를 놓쳤다. 지나간 기회는 돌아오지 않는다.

성공적인 투자는 미래를 볼 수 없다는 사실을 인정하는 데에서부터 시작된다. 증권시장과 경제는 사이클을 갖는다. 경제가 확장 → 후퇴 → 위축 → 회복을 반복하며 성장하듯 증권시장도 상승 → 조정 → 호황 → 하락 → 상승을 반복하며 장기적으로 우상향한다.

투자자들은 항상 언제 매도를 해야 하는가 그리고 언제 다시 매수를 해야 하는가에 대한 딜레마에 휩싸여 있지만 항상 타이밍을 맞추는 것은 불가능하다. 그러므로 장기적으로 성공적인 투자를 이어가기 위해서는 미래를 예측하려 애쓰는 것보다 투자원칙과 지속가능한 시스템을 갖추는 것이 훨씬 더 중요하다.

2008년 미국발 금융위기 직후 증시의 분위기는 암담했다. 세상이 끝나는 듯한 분위기를 연출했던 증시는 고점 대비 -50% 이상 하락하는 참혹한 광경을 자아냈다. 이후 증시가 폭락 전 2007년 고점을 회복하는 데까지는 자그마치 5년이라는 시간이 걸렸다. 그리고 그 이후 약 5년간 큰 조정 없이 상승세를 이어가며 꾸준히 우상향해 왔다.

증시가 언제 어느 정도의 하락을 겪을지 그 누구도 알 수 없다. 2008년 -50%의 폭락을 겪었을 때 추가하락을 예측한 누군가는 눈물을 머금고 주식과 펀드를 팔아 손실을 입었고, 원칙에 기반해 투자하던 자본가들은 반대로 싼값에 주식을 사들였다.

"예측가들은 많은 예측을 하지만 미래에 대해 아무것도 말하지 않는다." _워런 버핏

| Summary |

예측하는 행위는 투자를 투기로 탈바꿈시킨다.

예측은 정확한 원칙과 전략에 기반을 둔 의사결정이 전제되어야만 장기적 이점을 가져온다.

팔지 않으면
수익도 손실도 아니다

수익 또는 손실의 실현이란 자산을 팔아 현금화하는 것을 뜻한다. 변동성을 거치다 보면 자산의 가격은 당연하게도 내가 구입했던 가격보다 높아지거나 낮아지게 된다. 때때론 운이 좋게도 단기간에 큰 수익을 얻게 될 때도 있다.

예를 들어 작년에 샀던 펀드의 수익률이 +50%를 기록하는 중이라고 가정한다면 이 수익률은 자산을 팔아 현금화하기 전까지는 실제 수익이 아니다. 가격은 언제나 공정가치를 찾아 내려갈 수 있기 때문에 수익이 나의 목표수익 기준치를 넘긴다면 부분 혹은 전량 현금화를 통해 수익실현을 하는 것이 좋다. 나의 기준치가 S&P500의 100년 치 평균 연수익률인 연 10%라 가정할 때, 내가 보유한 포트폴리오의 연간 수익률이 +20% 이상을 갱신 중이라면 포트폴리오의 절반 정도는 현금화를 해 수익실현을 하는 편이 합리적이다.

반대로 손실의 경우도 마찬가지다. 나의 포트폴리오가 -20%를 기록 중이라면 팔기 전까지는 실제 손실이 아니다. 가격은 결국 공정가치를 찾아 올라갈 것이므로 손실을 실현하기보다는 보유한 현금이나 안전자산을 활용해 낮은 가격에 자산을 추가매수하여 평균단가를 낮춤으로써 포트폴리오가 더 빨리 회복될 수 있도록 대응하는 것이 합리적이다. 그러나 이 전략은 내가 보유한 자산이 구조적으로 지속가능한 대상이라는 것이 전제되어야만 적용 가능하다.

인간의 심리는 투자행위를 통해 돈을 벌기가 매우 어렵게 설계되어 있다. 탐욕은 수익이 났을 때 더 큰 수익을 탐하게 하여 수익 실현을 제한하고, 손해 보지 않으려는 심리는 손실이 날 때 더 큰 손실로부터 스스로를 보호하고자 손실을 실현하게끔 부추긴다. 구조적 지속가능성을 바탕으로 한 투자는 이토록 투자자에게 불리한 심리게임을 하지 않아도 되게끔 시스템에 대한 믿음을 부여하고 스스로에게 유리한 선택을 반복해서 내릴 수 있도록 돕는다.

수익에 대한 기준이 없는 대상에 투자한다면 탐욕적인 본능으로부터 수익 실현이 자유롭지 못할 것이고 지속가능성이 결여된 대상에 투자한다면 손실을 실현할 수밖에 없다. 파산할 것이라고는 생각조차 못했던 거대 기업들이 줄도산했던 한국의 1997 IMF, 미국의 2008 서브프라임 모기지사태 등을 돌이켜 본다면 구조적 지속가능성이 얼마나 중요한지 깨닫지 않을 수 없다.

인지편향과 확증편향

　인지편향이란 개인의 경험을 바탕으로 비논리적 추론으로 편향된 사고를 갖는 것을 말한다. 예를 들어 지인이 투자로 전 재산을 날려 먹었다고 해서 타인의 독자적 경험을 토대로 투자는 위험한 것으로 인지하고 투자 자체를 멀리하는 결론을 낸다면 이는 인지편향이다.
　인지편향의 오류는 우리가 새로운 정보를 받아들이는 것을 방해하고 내가 받아들이는 정보의 범위를 나의 얕고 개인적인 경험이 울타리 쳐놓은 인식의 범주 안으로 좁힌다. 인지편향에 갇히게 되면 팩트와는 무관하게 비논리적 사고로 개인적 경험이 도출한 결론을 사실처럼 믿게 된다.
　김 씨는 은행의 예금시스템만이 유일하게 안전한 저축법이라는 이야기를, 부모님을 통해 십여 년간 들어왔다. 딱히 부모님 말씀에 의구심이 들지 않았던 김 씨는 팩트체크 과정 없이 부모님의 말씀만 믿고 60년간 예·적금만을 고집했지만 물가상승을 따라잡지 못한 김 씨는 가난한 노년을 맞아야 했다. 인지편향은 시간이 지나면서 확증편향으로 굳어지고 결국 사실이 아닌 정보를 팩트인 양 믿게 된다. 확증편향이 위험한 가장 큰 이유는 잘못된 믿음에 반하는 모든 정보를 사전에 차단한다는 점이다. 아무리 좋은 정보나 지식이 떠밀려와도 이를 차단함으로써 잘못된 확증편향에 갇혀 홀로 도태된다.

어린아이들은 편향적 사고를 좀처럼 하지 않는다. 세상의 모든 것이 새롭고 배울 것이 많기 때문이다. 하지만 개인의 경험과 데이터가 쌓이며 나이가 들수록 확증편향에 취약해진다. 나이가 들수록 내가 경험한 것이 나의 세상이 되고 그것이 옳다고 인지하기 때문이다. 또한 스스로 만든 지식의 울타리 안에서 편안함을 찾게 되면 그 이상의 정보는 원하지도, 찾지도, 받아들이려 하지도 않게 된다. 노년기에 접어들수록 새로운 변화에 적응하지 못하고 오래된 관습을 고집하는 것도 이 때문이다.

환갑이 넘은 어르신 중 대다수가 편의를 제공하는 새로운 기술이나 스스로 익숙하지 않은 정보에 대한 거부감을 드러내고 받아들이지 못하는 경우가 많다. 기술의 발전을 이룬 지 10~20년이 넘은 지금도 인터넷이나 스마트폰을 사용하지 못하는 어르신들을 흔하게 마주할 수 있다. 이들은 새로운 기술과 정보를 배울 수 있는 충분한 지적능력을 지녔음에도 자신이 편하다고 느끼는 것들에 안주하고 배우기를 거부하며 편의를 누릴 수 있는 권리를 기꺼이 포기한다.

편향에서
자유로워지는 법

편향적 사고로부터 자유롭기 위해선 개방적 사고Open-mind와 비판적 사고Critical Thinking를 할 줄 알아야 한다. 개방적 사고는 편견 없이 새로운 정보를 받아들일 수 있도록 도와주고, 비판적 사고는 넘쳐나는 양의 정보 중 양질의 정보와 잘못된 정보를 필터링할 수 있도록 해준다. 열린사고와 비판적 사고를 할 수 없다면, 새로운 정보를 받아들이는 것이 점차 어려워지거나, 거짓정보에 속거나, 혹은 넘쳐흐르는 정보들 사이에서 아무런 결론도 도출하지 못하는 상태에 빠지게 된다. 미디어가 전달하는 정보에 쉽게 선동당하는 대중이 되고 싶지 않다면 열린사고와 비판적 사고 훈련을 하는 것은 현대사회에서 필수적이다.

열린사고와 비판적 사고를 모두 할 수 있는 것이 중요하다. 열린사고는 할 수 있으나 비판적 사고를 하지 못한다면 잘못된 정보를 필터링하지 못해 아무 거짓 정보나 믿게 되는 바보가 되고, 비판적 사고는 할 수 있지만 열린사고를 하지 못한다면 오히려 편향적 사고방식이 굳어지게 될 수도 있다.

개개인 모두가 다른 환경에서 교육받고 성장하기 때문에 모두 다른 가치관과 믿음을 지닐 수밖에 없다. 종교, 경제, 정치, 도덕, 가치관 등 개인의 경험 혹은 교육으로 자리 잡은 인식이나 신념은 쉽게 바뀌지 않는다. 그래서 더더욱 노력이 필요하다. 예를 들어 한 종교의 교리를 믿는 신자가 타 종교의 교리에 대한 연설을 듣게 된다면 일반적인 반응은 거부감, 반발심, 혹은 무관심 등일 것이다. 다른 예로, 공산주의 사상을 믿는 사람에게 자유 민주주의나 자유경제 자본주의는 듣고 싶지 않은 반대의견일 뿐 그 실상에 대해 알려 하는 사람은 많지 않다.

혹은 투자에 실패한 직·간접적 경험을 통해 부정적인 인지편향이 생긴 사람이라면 자신이 내린 투자 결정을 되돌아보기보다 투자행위 자체를 탓하여 대상으로부터 잘못된 점을 찾는다. 실패를 통해 배우고 성장하여 미래에 더 나은 투자 선택을 내리기보다 투자를 향한 마음의 문을 닫는 것이 확증편향이 가져오는 최악의 결과물이다. 이처럼 사람들은 곧잘 개인의 경험으로 입력된 인식에서 자신만의 주체적인 현실을 창조한다. 객관적인 인식이 아닌 개인이 구성하는 현실은 세상을 바라보는 개인의 행동을 결정지을 수 있다.

인지편향은 개인의 합리성을 결여시키고, 개인의 지각을 왜곡시킬 수 있으며, 개인이 부정확한 판단을 내리거나, 비논리적인 해석을 하게끔 만든다. 그리고 이러한 편향적 사고방식은 엄청난 기회비용을 발생시킨다.

금융권 종사자들의 자제들에게는 투자행위가 지극히 당연하여 오히려 투자하지 않는 것을 이상하게 여긴다. 반대로 예·적금 시스템에 대한 교육만 받고 자란 사람에게 투자는 매우 이질적이고 위험한 것으로 비추어진다.

스스로에게 질문을 던져보라.

"나는 어떠한 인지편향을 가지고 있는가?"

"나도 모르게 가지고 있던 확증편향을 비판적 사고를 통해 필터링할 수 있는가?"

과거의 나 또한 확증편향으로부터 자유롭지 못했다. 2016년 상반기, 나는 투자은행의 자산관리팀에 속해 있을 당시 암호화폐(비트코인)의 존재를 처음 인지하였다. 이 당시 비트코인은 그저 동료들끼리 점심시간 떠들 뉴스거리 정도였고, 금융교육을 충분히 받았다고 볼 수 있는 무리 속에서도 비트코인은 그저 사이버도박 정도로 치부되고 있었다. 이 무리에 속한 모두가 자신이 받은 교육내용 밖의 것은 사기일 것이라는 편향된 사고를 하고 있었던 것이다. 이런 확증편향 덕분에 나는 어마어마한 기회비용을 치렀다. 2016년 당시 비트코인의 가격은 개당 400USD 언저리에 거래되고 있었고 나는 새로운 자산을 포트폴리오에 추가할 기회를 놓쳤다. 비트코인은 2024년 11월 기준 개당 99,000USD(한화 1억 4천만 원) 언저리에 거래되고 있다. 그때의 편향적 사고로 인해 약 25배에 달하는 잠재수익을 놓친 셈이다. 당시 일찍이 열린사고로 암호화폐라는 새로운 자산군을 공부하고 분석한 금융 전문가들은 오늘날 억만장자가 되어 있다. 2016년 당시에도 나는 충분히 이 새로운 자산에 대한 가치를 깨달을 수 있는 지식과 지적 능력이 있었다. 다만 나의 편향적 사고가 새로운 기술과 정보를 학습하는 것을 섣부르게 차단했고 그 대가로 나는 일생일대의 기회를 놓쳤다.

세상은 빠르게 변화하며, 지식과 정보는 무한하다. 우리는 변화에 적응하기 위해 편향적 사고로부터 깨어있을 필요가 있다.

| Summary |

인지편향이란 자기 경험이나 믿음만을 통해 편향적인 사고를 갖는 것을 말한다.

편향적 사고는 새로운 정보를 받아들이는 것을 방해하고 기회를 차단한다.

반대로 열린사고와 비판적 사고는 기회의 문을 열어주며 올바르고 가치 있는 정보를 학습 할 수 있게 도와준다.

열린사고와
비판적 사고 훈련

　사고방식을 훈련하는 것은 생각보다 쉽지 않다. 어쩌면 운동을 통해 몸을 만드는 것보다 더 어려운 과정일지 모른다. 몸을 만들기 위해선 게으름으로부터 벗어나 신체적 고통을 감내하면 되지만 사고방식을 훈련하기 위해선 개인이 기존에 가지고 있던 생각과는 반대되는 생각을 받아들이는 과정을 거쳐야 한다.

　'너의 생각이 틀렸어' '너의 사고방식에 오류가 있어' '너의 논리에 모순이 있어' 등의 비판을 수용할 수 없다면 사고방식을 바꾸는 것은 불가능에 가깝다. 물론 자신의 생각이 틀렸다고 인정하는 걸 좋아하는 사람은 없다. 운동이 육체적 고통을 수반하는 것처럼 사고방식을 훈련하는 데에는 정신적 고통이 따른다.

　정신적 사고 훈련을 하기 위해서는 객관성, 겸손, 그리고 반대의견을 수용할 수 있는 넓은 마음의 그릇이 필요하다. 게으르고 육체적 고통을 싫어하는 사람일수록 운동을 기피하듯 방어기제가 강하고 자존심이 강한 사람일수록 사고훈련을 수행할 수 없을 확률이 높다. 하지만 모든 훈련은 보상이 반드시 따라온다.

열린사고를 할 수 있도록 훈련하기 위해서 다음의 방법들을 활용해 볼 수 있다.

첫째, 일부러 나와 다른 의견 들어보기. 반대의 관점을 찾아 듣는 것은 거북하기도 하지만 흥미롭기도 하다. 마음을 닫은 상태로 자신의 생각과 반대되는 생각을 듣다 보면 듣기가 싫거나 반박하고 싶은 욕구가 들수도 있다. 하지만 마음을 열고 어린아이의 의견을 듣는다고 생각하고 경청한다면 의외로 생각지 못했던 새로운 사고방식을 발견할 수 있다. 모든 생각엔 배경이 존재한다. 사람이 자신과 비슷한 사람보다는 다른 성격의 사람에게 더 끌리는 것처럼, 다른 생각과 그 생각의 배경에 대해 알게 되는 것은 즐거운 경험이다.

나는 대학교 비판적 사고 강의에서 다소 불편하면서도 흥미로운 주제로 프로젝트를 진행한 적이 있다. 이 프로젝트는 통상적인 사고방식으로 이해하기 어렵거나 대중적으로 받아들여지기 어려운 사고를 하는 대상을 인터뷰하는 것이었다. 내가 맡은 주제는 오픈메리지$_{Open\text{-}marriage}$에 관한 것이었는데, 부부가 상호 합의하에 서로가 아닌 다른 파트너와 성관계를 가질 수 있는 관계를 뜻한다. 나는 이 주제가 충격적이지 않을 수 없었다. 내 아내가 다른 사람과 잠자리를 가지는 것을 동의한다고? 이게 괜찮을 수 있다고? 실제로 이런 부부가 존재한다고? 수많은 생각이 들었지만 당장에 이런 대상을 어디에서 찾아야 할지부터 막막했다. 나는 당장 교수님을 찾아가 이런 사람을 어디서 찾냐고 따지듯 물었고 교수님은 나에게 중년의 한 외국인 부부를 소개시켜 주셨다. 나는 복잡한 머릿속을 정리하며 부부에게 연락해 정중히 인터뷰를 요청했다. 감사하게도 부부는 흔쾌히 나를 저녁식사에 초대해 주었고 나는 20가지 질문을 준비해 식사 초대에 응했다.

　인터뷰를 통해 얻게 된 내용은 이러했다. 부부는 성관계를 감정의 교류보단 여가활동 정도로 취급했으며, 일반적으로 외도로 취급될 수 있는 행위가 둘의 관계에 영향을 미치지 않고, 감정적 외도로 이어질 수 있는 가능성을 인지한 상태로 이를 방지하기 위해 상당히 디테일한 규칙을 두고 결혼생활을 유지한다는 점이었다. 인터뷰 이전에는 이 부부가 그저 성욕에 잠식되어 비정상적인 관계를 맺고 있다는 편견을 가질 수밖에 없었지만, 여러 질문들을 통해 그들이 투명성과 굳건한 신뢰를 바탕으로 행복한 관계를 오랜 시간 유지해 오고 있었다는 것을 알게 되었다.

　처음부터 생각을 닫고 멋대로 판단했더라면 절대 이해하거나 생각해 볼 수도 없는 관념들이었지만 열린 사고방식 덕분에 새로운 사고방식과 특수한 관계에 대해 배울 기회가 주어진 것이었다.

　두 번째 훈련법은 내가 틀릴 수도 있다는 가정을 해보는 것이다. 모든 사람은 살면서 틀린 결정을 수없이 많이 내린다. 이 사실에 대해 동의할 수 있다면, 자신이 틀릴 수도 있다고 가정해 보는 것은 그다지 어렵지 않다. 누군가 대놓고 내가 틀렸다고 이야기한다면 감정이 훼손되고 반박하고 싶은 방어기제가 생기지만, 스스로 나의 생각이 틀렸을 수도 있다고 생각해 보는 데엔 나의 의지만 있으면 된다.

　나는 둥그스름한 성격과 열린사고를 유지하기 위해 '그럴 수 있지 요법'을 사용한다. 나의 생각과 반대되는 생각을 듣거나, 나라면 하지 않았을 행동을 마주했을 때, 혹은 내가 생각치도 못한 사고방식으로 일을 풀어가려는 상대를 만나게되면 우선 '그럴 수 있지'라는 생각을 의식적으로 먼저 떠올린다. 어떤 생각과 사고방식이 합당할지는 여러 각도로 상황을 바라보고 나서 판단해도 늦지 않다.

세 번째 훈련법은 다양한 책을 읽거나 사람들 만나기이다. 내향형 사람들에겐 책이, 외향형 사람들에겐 사회적 활동이 더 적합하겠지만 나는 반드시 두 가지를 병행해야 한다고 생각한다. 책에서 배울 수 있는 내용과 사회에서 사람들과의 대화를 통해 배울 수 있는 영역은 확연히 다르다. 책은 잘 정리된 생각과 지식을 잘 보여주지만 상호작용이 불가능하다는 단점이 있다. 이어지는 질문과 답변을 통해서 생각의 차이를 나누다 보면 생각의 폭이 넓어지게 된다.

항상 어울리는 친구들이나 마음이 맞는 사람들만 골라서 자주 만나는 것은 크게 도움이 되지 않는다. 다양한 사람들을 만나야만 다른 생각과 사고방식을 접할 수 있고 생각의 폭을 넓힐 수 있다. 나의 생각과 사고에 동조해 주는 사람들만 만나게 되면 오히려 생각이 닫히게 된다.

비판적 사고를 훈련하는 방법은 열린사고 훈련법에 비해 즐거운 편이다. 스스로의 사고방식에 의문을 품어야 하는 열린사고 훈련법과는 달리, 내가 학습하는 대상을 비판하는 행위를 통해 훈련이 이루어지기 때문이다. 하지만 비판적 사고훈련은 주의를 기해서 임해야 한다. 건설적 비판을 통해 올바른 지식과 필터링된 정보를 학습하기 위한 비판이어야 하지, 비판하는 행위에 중독되어 비판을 위한 비판을 하기 시작하면 어느새 비판적 사고의 목적성을 잃고 비평과 불만만 늘어놓는 불평쟁이가 된다.

비판적 사고 첫 번째 훈련법으로는 '왜'와 '어떻게' 반복하기가 있다. 대상이 전달하는 정보에 대해 왜 그렇지? 무슨 근거지? 출처는 어디지? 등의 의문점을 가져보는 것이다. 이러한 질문의 목적은 정보의 정확성, 진실성 그리고 전달자의 의도가 순수한지를 파악해 정보를 필터링해서 편견과 오류를 제거하기 위함이다.

통상적으로 사람에 의해 전달되는 메시지에는 전달자의 주관이 담긴다. 주관은 전달자의 생각과 편견 그리고 의도를 내포한다. 이런 주관이 담긴 정보를 필터링없이 듣는이는 단순히 정보를 듣는것이 아니라 상대방의 주관이 담긴 메시지를 듣게 되고 입수한 정보를 활용해 개인적인 주관을 만들지 못하고 상대방의 의견을 주입받게 된다. 이런 과정을 선동과 세뇌라 부른다. 인간의 뇌는 생각보다 단순해서 자주 듣는 익숙한 메시지를 사실로 인식하며 지식으로 받아들인다. 그 메시지가 거짓일지라도 말이다. 프로파간다 Propaganda는 사람들을 특정한 방식으로 생각하고 행동하게 만들기 위한 전략적 선전행위이다. 주로 독재정권의 체제유지를 위해 사용된 프로파간다는 특정 메시지를 반복적으로 대중에게 전달함으로써 특정 대상을 희화화·신격화하거나 특정 이념을 세뇌하기 위해 사용되었다. 독일의 히틀러, 북한의 김정일, 중국의 마오쩌둥 등 독재자들은 과거에 자신의 권위 있는 모습을 담은 초상화를 배포해 자신들을 강력한 지도자로 세뇌하거나 '모두가 잘 먹고 잘사는 공산주의' 따위의 슬로건을 통해 특정 이념을 반복적으로 주입해 정치적 체제에 대한 지지를 끌어내기도 하였다.

따라서 비판적 사고를 할 수 없다면 정보를 필터링할 수 없고 아니라 선동과 세뇌에 취약해지기 쉬울 뿐 아니라 편향된 정보를 그대로 받아들여 화자에게 이용당하기 쉽다. 선택지가 무궁무진한 투자에 관련된 정보라면 더더욱 그렇다.

그러므로 우리는 정보를 전달하는 화자가 왜 정보를 전달하는지, 출처는 어디인지, 어떤 근거로 어떤 의도를 내포하고 있는지 등의 질문을 통해 정보를 전달하는 사람의 주관이 배제된 순수한 정보로 필터링할 수 있는 능력을 갖추어야 한다.

예를 들어 A.I. 업계가 부상 중인 2025년 한 경제 유튜버가 A.I.와 관련된 주식종목을 추천한다고 가정해 보자. 일반적으로 비판적 사고를 통해 필터링하지 않고 이러한 내용을 듣는 입장은 두 가지로 나뉜다. 첫 번째는 찬성파들이다. 어디를 가도 A.I.에 대한 뉴스가 나오고 여기저기서 A.I.가 선도하는 미래에 대한 정보가 쏟아져 나오니 이와 관련된 주식은 오를 것이라 생각하는 찬성파, 그리고 이에 반대되는 입장을 가진 반대파가 두 번째다.

비판적 사고를 하는 사람이라면 정보에 대한 찬반을 가릴 것이 아니라 정보에 대한 감정을 배제하고 중립적인 태도를 유지한 상태로 필터링을 시작해야 한다. 화자가 왜 공개적으로 특정 주식들을 추천하는지 (구독자를 모으기 위한 것은 아닌지, 특정 회사나 업체로부터 인센티브를 받고 홍보 활동을 하는것은 아닌지), 어떤 근거로 추천을 하는 것이고 근거가 합당한지, 그리고 이러한 근거들의 출처가 어디인지를 체크해 필터링된 정보를 수집하고 다른 출처들로부터 입수한 정보들과 결합해 스스로의 의견을 만들어내야 한다.

두 번째 훈련법은 감정을 배제하고 객관적 논리와 정보를 이용해 팩트를 찾아보는 것이다. 감정이 담긴 메시지는 강력하다. 하지만 강력하기 때문에 정보의 순수성을 가려내기가 그만큼 어렵다. 선거철에 '모두가 잘사는 공산주의'라는 메시지를 들었다면 대중들은 대개 '모두가 잘사는'이라는 문구에 집중하게 되고 비판적 사고를 하지 못하는 대중이라면 이 메시지를 검증절차 없이 받아들일 확률이 높다. 어떠한 메시지의 순수성을 가려내기 위해선 메시지의 논리가 합당한지, 이 논리가 실제로 메시지가 주장하는 결과를 가져온 적이 있는지 과거 혹은 외부의 사례들을 통해 검증해 보아야 한다.

어떠한 논리로 공산주의 체제를 채택하는 것이 모든 국민이 잘사는 결과를 가져오는지 인과관계를 추적하고 그 논리에 허점이 존재하는지 찾아보는 것, 그리고 실제로 공산주의를 채택한 타 국가들의 생태는 어떤지 체크해 보고 논리와 연관 지어 결론을 도출해 정보에 대한 진실성을 검증하는 훈련은 정보가 만연한 현대사회 구성원에게는 더 이상 선택이 아닌 필수다.

세 번째 훈련법은 반대주장을 만들어보는 것이다. 예를 들어 '스마트폰은 청소년에게 해롭다'라는 주장을 한다면 반대로 스마트폰이 청소년에게 이롭다는 근거에는 무엇이 있을까 고민해 보는 것이다.

투자에 있어 가장 위험한 순간은 누구나 접근할 수 있는 공개적인 정보를 근거로 투자결정을 내리는 것이다. 예를 들어 양자컴퓨터가 세상을 바꿀 차세대 기술이라는 뉴스가 나오게 되면 사람들은 너도나도 양자컴퓨터에 관련된 주식을 찾아 아무런 검증과정도 거치지 않고 주식을 매입하기 바쁘다. 쉽게 얻을 수 있는 정보는 아무런 가치가 없다. 그렇기 때문에 뉴스를 보고 주식을 매수해서 수익을 보는 사람은 거의 없다. 예를 들어 '양자컴퓨터의 시대' '양자컴퓨터 관련 주식 연일 상한가' 등의 정보가 누구나 접근할 수 있는 방식으로 공개된다면 다음과 같은 질문으로 비판적 사고회로를 발동시켜 보아야 한다.

양자컴퓨터가 실제로 개발되었을 때 상용화되어 수익을 만들어낼 수 있는가?

그리고 이로 인해 주주들이 혜택을 볼 수 있는가?

개발까지는 몇 년이 걸리는가?

양자컴퓨터와 관련된 주식들의 주가가 이미 정보와 뉴스를 선반영하고 있지는 않은가?

모든 정보에 대한 반대 주장을 만들어 정보의 양면을 보는 습관을 들인다면 비판적 사고 능력을 향상시킬 수 있다. 자본주의 게임은 생각과 심리의 게임이라고도 볼 수 있다. 자산을 사고파는 행위는 누구나 할 수 있다. 하지만 어떤 자산을 선택하고 어떤 방식을 채택하는가는 개인의 생각과 심리에 의해 결정된다.

자본을 갉아먹는 인간의 심리

자본주의 구조상 자산의 가격이 오르는 것이 불가피하다면, 왜 투자가 어렵게 비추어지고 많은 사람이 투자로 돈을 잃는 것일까? 수백 년에 걸쳐 증권시장은 비약적인 성장을 이루어 냈는데 왜 돈을 잃은 사람이 번 사람보다 더 많은 것처럼 느껴질까?

여기에 대한 해답은 인간의 근원적인 심리에 있다.

"투자의 성공 여부는 얼마나 오랫동안 세상의 비관론을 무시할 수 있는지에 달려있다." _피터 린치

탐욕과 공포

증권시장은 인간의 심리가 자본을 두고 다투는 전쟁터다. 소수의 시장참여자만이 좋은 주식을 싸게 사서 비싸게 팔아 이윤을 남기고 대다수의 참여자는 비싼 값에 사서 싸게 팔기를 반복하며 손실을 보고 떠난다. 실제로 시장에 장기간 발을 담가보지 않은 사람이라면 '그렇게 손

해 보는 장사를 하는 사람이 어디 있어?'라고 생각하겠지만 실제로 많은 개인들이 이런 어리석어 보이는 행동을 반복하며 손실을 본다.

시장에서 이윤을 남기는 사람들은 사람들의 탐욕과 공포라는 본능적 심리를 교묘하게 이용한다. 대중이 공포에 질려 눈물을 머금고 손실을 감수하며 주식을 팔아 치울 때 그들은 주식을 사 모은다. 그리고 다시 주가가 상승하며 사람들이 환희와 탐욕에 가득 차 있을 때 그들에게 주식을 모두 팔아넘긴다. 그렇게 대중은 반복적으로 환희에 사서 공포에 팔기를 반복하며 자본을 시장에 상납한다. 장기투자로 부와 명예를 거머쥔 전설적인 투자자 워런 버핏의 명언 중 가장 유명한 "공포에 사서 환희에 팔아라"라는 조언 또한 탐욕과 공포라는 인간의 심리와 시장의 작용을 응축시켜 표현한 것이다.

장기투자를 해야 하는 이유 또한 이러한 불필요한 심리전을 피하고 자본주의 체계의 원리를 이용해 자산을 안정적으로 불려나가기 위함이다. 당신이 감정이 없는 사이코패스거나 어떠한 상황에서도 감정을 철저히 배제하고 컴퓨터처럼 행동할 수 있다면 시장에서 심리전을 통해 단기간에 높은 승률을 기록하며 어마어마한 성공을 거둘 수 있을지도 모른다. 하지만 99%의 인간은 '감정'을 배제하고 행동할 수 없다.

현명한 사람들은 투자뿐 아니라 어떤 상황에서도 지는 게임은 피하며 '이길 수 있는 게임'만을 한다. 당신이 이길 수 있는 게임은 무엇인지를 판단하고 이기는 게임에 투자해 복리의 마법을 실현하는 것이 승리의 열쇠인 셈이다. 단기 변동성, 인간의 본능과 심리, 그리고 불확실성과의 싸움은 결코 이기는 싸움이 될 수 없다.

"투자규칙 첫 번째는 절대로 돈을 잃지 않는 것이며, 두 번째 규칙은 이 첫 번째 규칙을 절대로 잊지 않는 것이다." _워런 버핏

해결법

리스크 관리라는 단어는 듣기에 거창해 보일지 모르지만 단순하게 생각하면 나의 결정이 틀렸을 경우를 생각해 보고 대비책을 미리 마련해 두는 것을 말한다.

당신이 보유한 자산의 가격이 -10%만큼 하락한다면 어떻게 대응할 것인가?

-30%만큼 하락한다면?

성공하는 투자자는 예측 가능한 모든 상황에 대비되어 있어야 한다. 투자는 예언의 영역이 아닌 대응의 영역이다. 자본주의 체계에 근거하여 장기적 가치를 갖는 것에 투자하고 수익과 손실의 상황에서 어떻게 대처해야 하는지 알고 있다면 당신은 기필코 승리하는 투자자가 될 것이다.

전설적인 투자자이자 Fidelity Investment의 수장이었던 피터 린치 Peter Lynch는 1994년 연설에서 이렇게 말했다.

"주식은 복권이 아니다. 투자자는 역사 공부를 할 필요가 있다. 우리는 증권시장의 역사로부터 중요한 것을 배울 수 있다. 우리가 그 역사로부터 배울 수 있는 사실은 증권시장이 간헐적으로 하락한다는 사실이다."

"계산은 간단하다. 지난 93년간 증시는 10% 이상의 하락을 50번 겪었다. 그 말은 즉 약 2년마다 한 번씩 시장이 10% 이상의 하락을 겪는다는 것이다. 우리는 이것을 조정이라고 부른다."

"그리고 50번의 하락 중 15번은 25% 이상의 하락을 겪었고 이를 약세장이라고 부른다. 93년 중 15번 약세장을 겪었으니 우리는 6년에 한 번 약세장이 올 것이라고 예측할 수 있어야 한다. 그뿐이다. 투자자가 알아야 할 사실은 언젠가 증시가 조정을 겪을 것이라는 사실 하나뿐이다."

"그리고 조정은 좋은 현상이다. 우리는 14달러 주식이 22달러로 상승할 것을 바라고 주식을 사지만 하락장에 주식을 6달러로 사서 22달러가 된다면 더할 나위가 없다. 조정과 하락장을 이용해라. 조정은 반드시 온다. 다만 그 누구도 조정이 언제 올지는 모른다는 사실 또한 기억해야 한다. 누군가는 자신이 상승장과 하락장을 예측하였다고 주장했지만 50번의 조정 중 53번을 예측했다는 사실 또한 생각해 볼 부분이다."[10]

대다수 사람은 짧은 시일 내에 많은 돈을 벌고 싶어 한다. 단기매매로 성공하는 투자자는 1% 미만의 극소수이지만 대다수의 투자자가 자신은 단기투자로 많은 돈을 벌어들일 수 있을 것이라 착각한다. 대부분이 투자에 관한 공부와 이해 그리고 철학이 없이 시장에 뛰어들어 크게 데이는 이유는 조정을 버티지 못하고(자본주의 시스템에 대한 이해 결여)

떨어져 나가거나 단기매매로 손절을 거듭하며 돈을 잃는다.

장기투자는 99%가 성공하고 단기투자는 99%가 실패한다.

장기투자가 갖는 가장 큰 이점은 앞서 이야기한 것처럼 인간에게 불리하게 설계된 심리와 감정싸움을 피하고 오롯이 자본주의 시스템의 구조와 이성적인 의사결정을 통해 결과를 얻을 수 있다는 데에 있다. 반대로 기술적 분석과 확률 그리고 인간의 심리를 거스르는 결정을 기반으로 수익을 내는 단기 트레이딩은 감정과 본능을 거스르고 기계적 판단으로 투자결정을 내릴 수 있는 소수만이 수익을 낸다.

확률과 리스크

확률과 리스크는 투자뿐만 아니라 여러 사업 분야에서 수익을 내기 위해 이용되는 수학적 재료다. 확률과 통계를 사용해 막대한 수익을 만들어 내는 대표적 사업체로는 확률형 아이템을 판매하는 온라인게임 회사, 카지노 그리고 보험업계가 있다.

보험회사는 보장하는 질병이나 재해 등이 발생할 확률을 측정하여 그 확률 대비 보험료를 계산하여 측정 후 판매함으로써 이윤을 창출한다. 예를 들어 서울 지역에서 SUV 차량이 사고를 낼 확률이 연간 1%이고 사고가 날 때마다 평균적으로 발생하는 비용이 500만 원이라고 가정한다면, 1%의 확률은 100번 중에 1번 또는 1,000번 중에 10번 발생한다는 것으로 해석되므로, 사고가 발생할 확률과 사고로 말미암아 발생할 수 있는 비용을 계산해 보험료를 책정해 판매한다. 보험료를 연간 50만 원으로 책정해 100명에게 보험약관을 판매할 경우, 50만 원 × 100명 = 5,000만 원의 수입은 리스크 1%에 대비한 수입인 셈이다. 그렇다면 보험업계 입장에서는 이 1건의 사고가 날 것이라 가정할 때 이 사고에 대한 총보상액을 5천만 원 미만으로 설정한다면 파산하는 것을 막을 수 있고 사고당 평균 비용이 500만 원이라면 꽤나 괜찮은 장사다. 이를 확률에 대한 손익비라고 한다.

확률을 이용한 수익 창출은 주식투자에도 적용할 수 있는데 여러 지표와 차트를 기반으로 하는 단기매매가 대표적이다. 단기 트레이더들은 거래 기회를 포착하면 이윤을 남길 수 있는 상승 폭과 계산된 이익이 실제로 발생할 확률 그리고 반대로 돈을 잃을 수 있는 확률과 하락 폭을 계산하고 이익이 발생할 확률이 높은 거래를 반복하거나 손익비가 좋은 매매를 반복해 수익을 발생시킨다.

예를 들어, 애플사의 주식이 오늘 아침 200달러에서 220달러로 오를 확률이 60%이고, 반대로 200달러에서 180달러로 떨어질 확률이 40%라고 가정한다면, 수익이 날 확률이 손실을 볼 확률보다 높기 때문에 상승에 베팅하고, 반대로 가격이 하락할 확률이 높아진다면 공매도를 통해 하락에 베팅한다.

이런 식으로 승률이 좋은 거래를 일정한 패턴으로 반복하게 되면 통계적으로 수익을 만들어 낼 수 있다. 또한 주식이 예상보다 과도하게 등락할 경우를 대비해 증권사는 매수와 동시에 손실제한 Stop Loss(지정가 자동 매도·매수 기능)을 지정할 수 있는 장치를 제공한다. 예를 들어 상승에 베팅할 때 내가 사는 주식의 가격이 200달러이고 내가 틀렸을 때 감당할 수 있는 손실이 -5%라면 190달러에 손실제한을 걸어 주가가 하락했을 경우 자동으로 190달러에 매도가 되게끔 이런 식으로 안전장치를 걸어둔 상태로 확률 높은 거래를 반복하면 표본이 작은 거래에서는 손실을 볼지 모르지만 결국 장기적으로는 수익이 나게 된다.

확률에 대한 이해는 블랙잭이라는 카지노게임을 통해 더 잘 이해할 수 있다. 영화 〈21〉은 카지노와 블랙잭이라는 게임과 확률을 이용해 돈을 버는 내용을 그린 영화다. 영화는 몬티 홀 문제로 강한 인상과 재미를 남기며 시작한다.

몬티 홀 문제는 다음과 같다. 당신은 확률 맞추기 게임을 하고 있다. 진행자 뒤에는 당신이 선택할 수 있는 세 개의 문이 있다. 두 개의 문 뒤에는 염소가 있고 오직 하나의 문 뒤에 페라리가 있다. 염소가 있는 문을 선택하면 염소를 얻게 되고 페라리가 있는 문을 고르게 되면 페라리는 당신의 것이 된다. 당신이 임의로 하나의 문을 선택했을 때, 쇼를 진행하는 진행자는 당신이 고르지 않은 두 개의 문 중 하나의 문을 열어 염소가 있는 것을 보여주며 당신이 내린 선택을 바꿀 생각이 없냐고 물어본다. (쇼 진행자는 페라리가 어느 문 뒤에 있는지 알고 있다)

진행자가 당신에게 선택을 바꿀 기회를 준다면 당신은 선택을 바꾸겠는가? 대부분의 사람은 진행자가 자신에게 심리적 속임수를 거는 것일 거라 생각해(내가 맞는 문을 골랐겠지, 그래서 나의 선택을 바꾸게 하려고 다시 한번 선택권을 주는 걸 거야) 선택을 바꾸지 않는다. 선택을 바꾸는 것이 확률적으로 훨씬 더 유리한데도 말이다.

왜 선택을 바꾸는 것이 확률적으로 옳은 선택일까? 어차피 모든 문은 1/3의 확률 아닌가? 결론부터 이야기하면 그렇지 않다. 선택을 바꿀 경우 페라리를 얻을 수 있는 확률이 1/3에서 2/3로 올라간다는 것이 몬티 홀 문제가 증명하는 부분이다.

왜 확률이 올라가는 것일까? 어차피 2개의 문이 남으면 확률은 5대 5가 아닌가?

정답부터 말하면 그렇지 않다. 우리가 문을 고를 때의 확률은 2가지로 나뉜다. 우리가 고른 확률과 고르지 않은 확률. 따라서 우리가 고른 문 뒤에 페라리가 있을 확률은 3분의 1이며 고르지 않은 2개의 문 중에 페라리가 있을 확률은 3분의 2이다. 그렇다면 진행자가 내가 고르지 않은 문중 하나를 열어 염소가 있다고 보여줬을 때, 내가 고르지 않은 남아있는 문 뒤에 페라리가 있을 확률이 3분의 1에서 2배인 3분의 2로 올라가게 되는 것이다.

몇몇 사람은 문 하나를 오픈하면 남은 문은 2개이니 확률은 50대 50이라고 생각하거나 확률의 변화가 아예 없을 것이라고 생각하지만, 이것은 시간을 고려하지 않아 생기는 오류이다. 실제로 이 몬티 홀 문제가 설명하는 확률의 변화는 프로그래밍 소프트웨어인 파이썬Python을 활용한 10만 번의 반복 시뮬레이션을 통해 사실임이 입증되었다.

여전히 잘 이해가 되지 않는다면 3개의 문이 아니라 100개의 문을 예시로 생각해 보면 이해가 쉽다. 내가 선택한 문 뒤에 페라리가 있을 확률은 1/100이며 선택하지 않은 99개의 문 중에 페라리가 있을 확률은 99/100이다. 여기서 쇼 호스트가 남아있는 99개의 문 중 하나를 제외한 나머지 98개의 문을 열어 보여준다면 내가 선택하지 않은 나머지 한 개의 문에 페라리가 있을 확률은 99/100로 올라가게 된다.

아직도 어리둥절한가? 이 문제가 이해되지 않더라도 상관없다. 몬티 홀 문제가 투자 측면에서 주는 교훈은 "사람의 감정과 심리가 투자를 할 때 올바른 선택을 내리는 걸 방해한다"는 점이며, 대부분의 개인은 인간의 감정, 본능 그리고 원초적인 심리로 인해 투자를 망친다.

영화 〈21〉에서는 MIT(매사추세츠 공대) 강의실에서 몬티 홀 문제를 맞힌 주인공 벤에게 교수가 비밀사교클럽에 들어올 것을 제안한다. 이 비밀 사교클럽은 감정을 배제하고 오로지 확률적인 선택을 할 수 있는 사람들이 확률을 이용해 돈을 벌기 위해 만들어진 비밀클럽이다. 이들은 카지노 게임 중 블랙잭이라는 카드 게임을 플레이해서 돈을 벌 계획을 세운다.

카지노는 확률을 이용해서 돈을 버는 사업이다. 카지노에 있는 대부분의 게임은 카지노가 게임에서 이길 확률이 약 51% 그리고 손님이 이길 확률이 약 49%로 설계되어 있다. 그렇기 때문에 카지노에서 단기적으로 돈을 따는 사람은 있어도 장기적으로 돈을 따고 나오는 사람은 매우 드물다. 다양한 카지노 게임 중 이 51:49의 확률을 뒤집을 수 있는 게임이 존재하는데, 그 게임이 바로 '블랙잭'이다. 블랙잭은 딜러(카지노)와 플레이어(손님)들이 각 2장씩의 카드를 받으면서 시작되는 게임으로 내 카드 숫자의 합이 21을 넘지 않으면서 21에 가까울수록 유리해진다. 숫자를 모두 만들었을 때 플레이어가 딜러의 카드 숫자 합보다 높으면 이기게 되고 낮거나 카드를 추가로 받는 도중 숫자 21을 넘어가게 되면 버스트(=파산)하고 즉시 패배한다.

딜러는 숫자의 합이 17 이상이 될 때까지 반드시 추가 카드를 받아야 하며, 딜러도 마찬가지로 추가 카드를 받아 숫자의 합이 21이 넘어가게 되면 즉시 패배(버스트)한다. 이 경우 버스트 되지 않은 플레이어들은 자동으로 승리한다. 먼저 딜러는 2장의 카드 중 하나는 엎어진 카드인 '페이스다운' 하나는 오픈된 '페이스 업'으로 한 장을 가리고 시작한다. 플레이어는 한 장의 오픈된 딜러 카드를 보고 카드를 더 받을지 멈출지를 결정하게 되는데, 여기서 감정을 배제하고 확률을 뒤집을 수 있는 법칙만 잘 따른다면 카지노 측에 유리한 승률을 플레이어에게 유리하게끔 뒤집을 수 있다. 여기에 더해 카운팅이라는 기술을 사용하게 되면 다음 나올 카드가 10에 가까운 숫자일지 아닐지 더 정확하게 예측할 수가 있다. 때문에 카지노 측에 유리한 확률인 카지노 확률$_{Casino's\ odds}$를 역으로 뒤집어 플레이어에게 유리한 확률게임을 반복해 카지노를 상대로 돈을 벌어들일 수 있다.

영화 속 MIT 사교클럽은 이와 같은 방법을 사용해 베가스 카지노를 상대로 엄청난 양의 돈을 벌어들인다. 이 영화가 투자자에게 주는 교훈은 1~2%의 작은 확률차이조차도 큰 돈을 벌 기회를 제공한다는 사실이다. 하지만 인간으로서 감정을 완전히 배제하고 확률만을 근거로 전문적인 매매를 하는 것은 불가능에 가깝다. 그렇기 때문에 우리는 구조를 기반으로 인간에게 불리안 심리게임을 피하고 지속가능한 투자에 집중하여야 한다

심리의 차이가
승패를 가른다

"증권시장은 마음이 급한 자들로부터 인내하는 자들에게 부가 옮겨가는 장치이다." _워런 버핏

우리는 증권을 구입하는 그 순간부터 큰 폭의 하락을 경험할 마음의 준비가 되어있어야 한다. 투자 중 경험하는 대부분의 손실은 증시의 가격이 일시적으로 하락하는 조정 중에 감정적인 매도결정을 내림으로 인해 발생한다. 비싼 값에 사서 싼 값에 파는 비 상식적인 결정을 내리게 되는 원인은 자산을 지키고 위험 상황으로부터 회피하려는 인간의 심리와 본능에 있다. 그리고 그 심리는 대부분의 경우 다음과 같이 나뉜다.

1 내 생각이 틀렸어. 이 주식은 오르지 않을 거야 더 손실을 보기 전에 팔아버리자. 이 돈이라도 건져야지.
2 하락하는 모양새를 보니 추가로 하락하겠군. 일단 팔고 더 내려갈 때 다시 사자. (이후 다시 사지 못함)

3 역시 투자는 사기야! 난 여기서 손을 털고 다시는 투자에 손대지 않겠어!(손실을 본 후 투자에 다시는 가담하지 않음)

첫 번째의 경우, 우량주가 아닌 소형 잡주를 보유할 때 주로 나타난다. 보유한 주식과 기업에 대한 신뢰가 없고 단순 고수익을 목적으로 주식을 보유한 경우 조정을 견디지 못하고 매도하게 된다. 실제로 경제침체를 겪고 있는 상황에서 기업이 경영난 혹은 파산을 겪는 상황도 실제로 발생한다. 그렇기 때문에 우리는 반드시 자본주의 시스템에 의해 지탱받는 구조적 지속가능성을 가진 자산을 위주로 포트폴리오를 구성해야 한다. 하나의 기업이 망할 수는 있어도 구조는 결코 쉽게 무너지지 않는다.

두 번째의 경우, 경험이 부족한 투자자가 겪을 수 있는 심리상태이다. 추세를 파악하고 미래를 볼 수 있는 듯한 착각이 들면서 감정적 매도를 하게 되고, 가격이 추가로 하락하더라도 가격이 반등하기 전에 재매수를 하지 못하거나 결국 매도가격보다 더 비싼 가격에 다시 매수를 하게 되는 경우로 귀결된다. 철저히 원칙과 기술적 분석에 따라 매매를 하는 트레이더라면 몰라도 대부분의 대중은 그 기준이 없기에 이러한 생각을 행동으로 옮기지 못한다.

세 번째의 경우, 증권시장에 대한 이해가 없는 상태로 투자를 시작하는 개인들이 흔히 겪는 심리현상이다. 증권시장과 변동성에 대한 이해도가 없는 상태로 시장에 뛰어든 경우라면 자신이 보유한 자산에 대한 신뢰도나 증권시장에 대한 믿음도 없을 것이 자명하다. 무지한 상태로 시장에 참여하게 되면 본능에 따라 가격이 오르면 사고 결국 가격이 떨어지면 보유한 주식을 팔아 치우고 손실을 겪으며 시장을 떠난다.

　인간은 이해하지 못하는 것에 대한 두려움을 가진다. 물에 뜨는 법을 모르는 사람은 물을 두려워하고 동물에 대한 이해가 없는 사람은 조그마한 강아지 앞에서도 두려움에 떤다. 증권시장도 마찬가지이다. 세상에는 다양한 성격의 시장참여자가 있고 변동성에 의해 가격의 등락을 겪는 중에도 누구는 평온을 유지하며 누구는 공황상태에 빠져 비상식적인 행동으로 돈을 잃는다.
　당신은 어떤 모습의 시장참여자가 되고 싶은가?
　자본주의 시장의 혜택을 받기 위해선 어떠한 상황속에서도 마음의 평안을 가지고 투자를 지속할 수 있는 사고방식을 가지고 있어야 한다. 시스템에 대한 믿음과 이해도를 겸비한 상태로 투자에 임한다면 언제나 시장의 승리자로 남을 수 있다.

멀리서 보면 희극,
가까이서 보면 비극

주식시장은 끊임없는 단기변동성과 상승장, 조정장 그리고 하락장을 거치며 우상향한다. 많은 사람들이 주식차트를 보며 단기간에 주식투자로 막대한 돈을 벌어들일 것이라 착각하지만 현실은 마라톤에 가깝다. 그리고 오랜 시간 변동성과 조정을 버티는 것은 쉬운 일이 아니다. 당신이 매일 자신의 포트폴리오를 들여다보는 사람이라면 더더욱 그렇다. 감정의 동물인 인간에게 매일, 매분, 매초 위아래로 오르락내리락하는 주식 차트는 가까이서 보면 비극, 멀리서 보면 희극이다. 그렇기 때문에 투자를 이제 막 시작하는 개인이라면 반드시 앞으로 다가올 하락을 마주할 준비를 해두어야 한다.

언제 그리고 얼마만큼의 하락이 발생할지는 그 누구도 알 수 없지만 반드시 하락은 발생하고, 이후엔 마침내 상승이 온다. 자본주의 시스템을 믿어라. 그리고 그 시스템과 연동된 증권시장을 믿어라. 이후 당신이 해야 할 일은 리스크를 관리하며 돈을 흡수하는 자산을 천천히 사모으는 것뿐이다.

나스닥에 등재된 한 기업의 5일 차트와 365일 차트를 보면 왜 증권시장이 가까이서 보면 비극이고 멀리서 보면 희극인지 알 수 있다. 또한 우리는 이를 통해 변동성이 어떠한 모습을 띠는지 들여다볼 수 있으며 무엇에 어떤 마음으로 대비해야 하는지 알 수 있다.

【 5일 차트 】

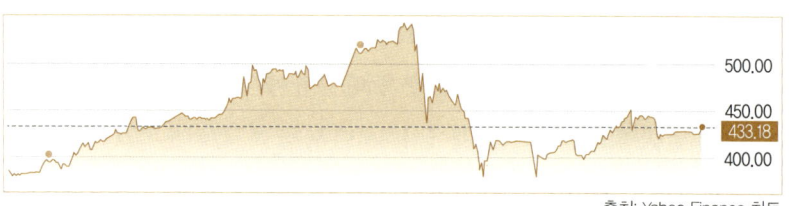

출처: Yahoo Finance 차트

위의 5일 차트를 보면 육안으로만 봐도 엄청난 변동성을 확인할 수 있다. 300달러 중반대의 주식이 며칠 만에 500달러 중반까지 올랐다가도 며칠 만에 다시 300달러 후반대로 돌아온다. +-20~40%의 등락이 단 5일 사이에 수차례나 발생한다. 변동성은 그 정도의 차이만 있을 뿐 지구의 산소만큼이나 자연스럽고 필요한 부분이다.

【 365일 차트 】

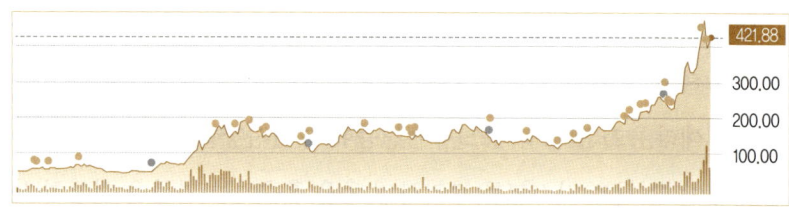

출처: Yahoo Finance 차트

반면 같은 주식의 365일 차트는 비교적 완만한 우상향 곡선을 그린다. 지속가능성이 보장된 대상에 투자한다면 당신은 변동성에 두려워할 필요가 없다. 반대로 이야기하면 투자대상에 대한 확신 없이는 변동성을 견딜 수 없을 확률이 높다. 하루하루의 변동성에 일희일비하지 마라. 멀리보고 생각해라.

"주식시장은 확신을 요구하며, 확신이 없는 사람들은 반드시 희생된다." _피터 린치

하루아침에 자본가가 될 수는 없다. 하지만 올바른 사고방식과 습관은 당신을 반드시 자본가로 만든다. 금수저를 물고 태어나지 못하는 대다수는 노동자로 게임을 시작한다. 하지만 자본주의 게임의 규칙을 알고 이용하는 사람은 반드시 노동자에서 자본가로 성장한다.

분석보다 명상이
더 필요한 순간들

사람들은 시장을 분석하며 하락의 원인을 찾거나 앞으로의 미래를 예견하려고 많은 시간과 에너지를 쏟는다. 하지만 때로는 감정과 심리를 다스리는 행동이 좋은 결정을 내리는 데 훨씬 더 큰 도움이 될 때가 많다.

내가 가장 많이 사용하는 명상법은 편안한 자세로 눈을 감고 자신의 호흡소리에 집중하며 호흡을 깊게 들이마시고 내쉬는 것이다. 이후 좀 더 차분하고 맑아진 정신으로 스스로에게 질문을 던지고 상황을 파악해 답을 도출한다.

- 내가 보유하고 있는 자산은 지속가능한 자산인가?
- 변동성의 원인은 무엇인가? 원인이 일시적인가?
- 누군가에 의해 쉽게 해결될 수 있는 상황인가?
- 구조적인 문제가 생겼는가?
- 하락이 장기화된다고 가정한다면 당장 어떻게 대응할 것인가?
- 반대로 하락이 일시적인 것이라면?

- 나의 투자시스템은 지속가능한 상태인가?

　명상은 위기에서뿐만 아니라 목표를 설정하고 지속가능한 투자를 계획하는 단계에서도 활용된다.

　『인생을 바꾸는 작은 습관들』의 저자 조안나 그로버는 목표의 심상화에 관해 이야기한다. 나의 미래와 목표를 이루었을 때의 모습을 구체적으로 상상하고 시각화하는 것이 뇌에 긍정적 착각을 일으켜 그 목표를 달성하는 것에 큰 도움이 된다고 말한다. 마치 한때 세계를 뜨겁게 했던 책『시크릿』에서 이야기하는 끌어당김의 법칙과도 일맥상통하는 내용이다. 이루고자 하는 바를 구체적으로 상상하고 목표를 어떻게 이룰 것인지 심상화하면, 의식적이든 무의식적으로든 목표와 가까워지게 된다.

　끌어당김의 법칙은 당신이 무언가를 간절히 구체적으로 원하면 그것들이 당신에게로 끌어당겨진다는 내용을 담고 있다. 목표를 생각하고, 글로 적으며 심상화하면 그 목표와 점점 가까워지게 된다는 우주의 법칙을 설명한다. 실제로 이것이 우리가 알지 못하는 우주의 법칙처럼 작용하던, 사람의 뇌와 잠재적 무의식이 반복되는 생각을 통해 목표로 나아가게 하던 간에 실제로 이러한 명상과 목표의 심상화는 성공을 이뤄낸 사람들이 공통적으로 간증하는 내용이므로 실천할 이유가 충분하다.[11]

　외에도 사고방식을 전환하는 훈련은 정신적으로 큰 도움이 된다. 피터 홀린스의『뇌를 위한 최소한의 습관』에서도 육체적 건강과 정신적 건강의 공존적 중요성에 대해 강조한다. 육체의 건강만큼이나 정신의 건강이 인간의 생존에 있어서 중요하다는 것이다. 사고를 전환하는 훈련은 불안하고 부정적인 상태를 반전시키거나 긍정적인 상황에서 미리 위험에 대비할 수 있도록 한다. 미래의 불확실성에 대해 침착성을 유지한 상태로 대응할 수 있다는 것은 투자실패의 근원적 원인들을 대부분 제거할 수 있다는 것을 의미한다. 심리적 압박으로부터 자유롭다면 이성적인 판단능력을 유지하며 본능적·감정적 대처가 일으킬 수 있는 손실을 막을 수 있다.

벼락부자의 꿈이
벼락거지를 부른다

    세대를 거듭할수록 빈부격차가 심해지면서 벼락부자를 꿈꾸며 투자가 아닌 투기를 하는 사람들이 점점 더 많아지고 있다. 그만큼 경쟁이 치열하고 안락한 삶을 이루기가 전보다 몇 배는 더 힘들어졌기 때문이다. 하지만 이 또한 자본주의 시스템의 성질이다. 자본주의 구조를 이해하는 소수는 대를 이어 오랜 시간 동안 점점 더 큰 자본으로 새로운 자본을 흡수하고, 이 구조를 이해하지 못하는 노동자들은 자본가들에게 이용당하며 자본주의 시스템에 의해 희생된다.

    투자는 인생과 미래를 바꿔줄 수 있는 수단이지만 결코 복권은 아니다. 투자는 자본주의 시스템의 구조 그리고 복리와 시간을 이용해 서서히 미래를 앞당기는 장치다. 투자를 복권쯤으로 여기거나 카지노의 룰렛으로 생각한다면 어느새 탐욕에 잠식된 도박꾼으로 전락해 있는 자신을 마주하게 된다. 부동산 갭투기나 마진계좌를 활용하는 등 과도한 레버리지를 쓰거나, 지속가능성이 결여된 대상에 전 재산을 밀어 넣는 등의 행위는 반드시 그 리스크에 상응하는 대가를 치르게 한다.

    무엇보다 일확천금을 좇다 보면 우리가 집중해야 할 돈의 흐름, 원칙, 지속가능성 등을 망각하게 되고 오롯이 수익만을 좇는 도박꾼으로 변질된다. 구조적으로 도박꾼은 결코 자본가가 될 수 없다. 실제로도 수많은 투기꾼들이 선물거래를 통해 100억, 200억의 수익을 벌고도 결국 모두 잃고 빚까지 진 후 스스로 생을 마감한다.

"지속가능한 사고방식과 자본주의 구조를 이해하고 이용하는 것", 이 본질을 잊는다면 잠시 돈을 벌 수 있어도 결코 지킬 수는 없다.

UNKNOWN
RICH

> 200억짜리 집이나 수천 억짜리 그림은
> 결국 '돈의 총량'이 만든 결과다.
> 시스템을 아는 자는
> 더 큰 몫을 차지하고,
> 모르는 자는
> 그저 비상식적으로만 보인다.

투자의 본질

돈이 흐르는 방향을 이해하라

UNKNOWN
RICH

자산의 가격은
어떻게 상승하는가

투자의 본질은 낮은 가격에 사서 비싼 가격에 팔아 이윤을 남기는 것이다. 그렇다면 결국 돈을 벌기 위해선 내가 산 자산의 가격이 올라가야 한다.

가격을 상승시키는 원리는 무엇인가?

영화 〈Dumb Money〉는 코로나 직후 어마어마한 투기 광풍을 일으킨 미국의 주식인 게임스톱 숏 스퀴즈Short Squeeze 사건을 생생하게 보여준다. 숏 스퀴즈란, 공매도 세력을 쥐어짠다는 의미로 주가가 상승할 때 가격하락에 베팅하는 공매도(남의 주식을 빌려 파는 것을 말함) 세력이 손실을 최소화하기 위한 목적으로 공매도 포지션을 종료하기 위해 주식을 매수하면서 수요를 발생시켜 가격상승에 박차를 가하게 되는 것을 말한다. (이론상 손실의 한계가 무한대인 공매도 포지션을 종료하기 위해선 주식을 빌린 만큼 시장가에 사서 갚아야 한다)

게임스톱의 주가는 2020년 6월 4달러에서 2021년 1월 장중 500달러

이상의 신고가를 갱신하며 최단기에 주가가 120배 이상 폭등하는 비정상적인 상황을 연출했다. 이 사건은 미국의 개인투자자들이 포효하는 고양이Roaring Kitty라는 주식 애널리스트 유튜버를 따라 월스트리트 기관투자자의 공매도 전략에 대항하여 기관의 공매도(=숏) 포지션을 청산시키면서 게임스톱의 주가를 단기간에 기하급수적으로 끌어올린 역사적인 사건이다. 이러한 광기에 뒤덮인 주가 폭등은 단 몇 개월 만에 억만장자를 탄생시키기도 하였지만 전 재산을 잃거나 빚더미에 앉게 된 수많은 개인들을 양산하기도 하였다.

이 게임스톱 사태를 통해 배울 수 있는 특징들은 무엇일까?

첫째, 어떻게 망해가던 회사의 가치가 4달러에서 500달러로 단숨에 치솟을 수 있었는지를 생각해 볼 필요가 있다. 단 6개월 사이에 120배의 주가상승은 가치투자나 기업분석 따위는 설명할 수 없는 큰 폭의 가격상승이었다. 숏 스퀴즈가 게임스톱 주가 폭등의 기술적 원인이었지만, 가격폭등의 원인을 더 본질적이고 단순하게 해석하면 돈의 흐름이 유튜브와 레딧 커뮤니티를 통해 게임스톱 주식으로 집중되었기 때문에 폭발적인 상승이 가능했다고 볼 수 있다. 게임스톱 주식뿐 아니라 세상에 공급량이 정해진 그 어떤 것도 수요, 즉 돈이 몰리게 된다면 가격은 상승하게 된다. 즉, 가치투자나 기업분석은 돈의 흐름을 예측하기 위한 방법의 하나일 뿐 우리가 집중해야 하는 본질적인 부분은 돈의 흐름이 가격을 상승시킨다는 점이다.

둘째, 주가가 겨우 6개월이라는 시간 동안 100배가 넘게 상승하는 비정상적인 변동성에 뛰어드는 행위가 얼마나 위험한지에 대해서 배울 수 있다. 누군가는 주가가 폭발적인 상승을 시작하기 전에 게임스톱 주식을 구입 후 높아진 가격에 매도해 수익을 챙겼지만 이는 소수다. 대부분의 개인들은 주가가 이미 200~300달러를 돌파한 후에나 뉴스나 기타 매체를 통해 주식의 존재를 알고 목표주가 1,000달러를 외치며 매수대기열에 올라탄다. 게임스톱의 주가가 다시 30~40달러 선으로 돌아가기까지는 그다지 오래 걸리지 않았다. 변동성에 올라탄 개인들은 대부분 -50% 혹은 그 이상의 손실을 보고 빚을 내 투자했던 투기꾼들은 모두 빚쟁이가 되었으며 아직까지도 그 빚을 갚고 있다.

돈의 흐름을 어떻게 파악해야 할까?

돈의 흐름을 예측하기 위한 기초는 트렌드를 파악하는 것이다. 중시는 증권을 거래하는 시장이자 산업과 경제 발달의 지표이기도 하다. 사람들은 대중이 열광하는 분야의 기업에 지갑을 열고, 이는 주가 상승으로 이어져 결국 더 많은 돈을 끌어당긴다. 사람들 입에 자주 오르내리는 것들이나 한때 음악을 저장하고 재생하는 뮤직플레이어 혹은 스마트폰처럼 너 나 할 것 없이 모두가 구입하는 아이템이 트렌드를 선도하곤 한다.

트렌드는 거시적 트렌드 Macro Trend 와 미시적 트렌드 Micro Trend 로 나뉜다. 거시적 트렌드는 10, 20년 이상에 걸쳐 발생하는 산업혁명을 예시로 들 수 있다. 20세기 중후반 컴퓨터, 인공위성, 인터넷의 발명으로 견인된 3차 산업혁명은 1969년에 전자기기와 원자력의 발전이 주도했으며 2000년 시작된 4차 산업혁명은 인공지능, 빅데이터, 사물인터넷, 자율주행 자동차 등이 주도하고 있다.

근대 산업혁명의 거시적 키워드는 '기술'과 '에너지'라고 할 수 있겠다. 하지만 이것만으로는 어떤 기업에 투자해야 하는지 명확하지 않다. 그렇기 때문에 거시적(매크로) 트렌드를 파악했다면 미시적(마이크로) 트렌드를 들여다보아야 한다.

가장 최근의 마이크로 트렌드를 견인한 대표적인 아이템은 스마트폰일 것이다. IOS와 안드로이드 각각 다른 운영체제의 스마트폰을 판매한 애플사와 삼성사의 주가는 10년이 넘는 기간 동안 엄청난 상승세를 이어왔다. 이러한 트렌드의 시작은 2010~2012년 초부터 나타났다. 스마트폰을 보유한 것보다 보유하지 않은 것이 더 이상한 세상이었고 이는 트렌드의 시작이었다.

2024년과 2025년에는 새로운 트렌드를 여는 AI의 상용화가 본격적으로 이루어지고 있는 것으로 보인다. 2022년 11월, ChatGPT가 세상에 발표된 이후, 2025년에는 인공지능 기반의 시스템들이 이미 인간의 업무를 상당 부분 대신하고 있으며 식당이나 매장들은 인공지능과 무인로봇이 인력을 대체하고 있다.

그렇다면 인공지능에 관련된 투자대상엔 어떤 것들이 있을까? 인공지능을 사용해 수익을 창출하려는 기업들은 수없이 많다. 이제는 인공지능을 사용하지 않는 기업을 찾아내는 게 더 쉬울 지경이다. 하지만 여전히 그들이 어떤 방식으로 A.I.를 이용해 돈을 끌어당길지는 미지수다.

1848년 미국 캘리포니아에서 골드러쉬가 시작될 당시 전국 각지에서 금을 캐기 위해 캘리포니아주로 몰려들었다. 금이라는 새로운 트렌드의 시작이었다. 골드러쉬에서 돈을 가장 많이 번 사람들은 금을 많이 캔 사람도 금광을 발견한 사람도 아니었다. 금을 캐는 데에 필요한 곡괭이와 청바지를 판매한 회사들이 천문학적인 수익을 올렸다. 같은 논리를 인공지능 트렌드에 적용해 본다면 곡괭이와 청바지는 인공지능에 심장이 되는 부품인 그래픽카드 GPU~Graphic Processing Unit~이다. 그래픽카드의 핵심 생산자이자 대표기업인 엔비디아~NVIDIA~의 주가는 2022년 11월부터 1.5년 간 약 5배 이상 급등했다. 인공지능 기술에 대한 기대감과 이에 핵심이 되는 GPU를 생산하는 기업으로 돈이 흘러 들어가기 시작한 것으로 해석될 수 있다.

물론 단순히 트렌드를 포착한다고 해서 투자에 성공할 수 있는 것은 아니다. 경쟁기업이 나타날 가능성이나 새로운 기술이 개발될 가능성 등 위험요소들은 항상 존재한다. 하지만 이러한 리스크는 개인이 컨트롤할 수 있는 부분이 아닌 경우가 많다. 그렇기에 투자자 입장에서는 투자대상에 대해 어떠한 리스크가 존재하는지 인지하고 감당할 수 있는 범위 안에서의 투자선택을 내리는 것이 중요하다.

돈을 버는 사고방식

 투자라는 행위 자체는 매우 단순하고 간단하다. 증권계좌를 열고, 돈을 입금하고, 클릭 몇 번으로 증권을 싸게 사서 비싼 값에 팔면 된다. 물건을 떼어다 파는 동대문 장사와 크게 다를 것이 없으며 오히려 클릭 몇 번에 큰 돈을 벌기도 혹은 잃기도 한다.

 그러나 세상의 이치상 누구나 할 수 있는 쉬운 일은 돈이 되지 않는다. 모두가 쉽게 생각하고 쉽게 시작하지만, 모두가 돈을 잃고 떠나는 곳이 증권시장이다. 그렇다면 이 시장에서 돈을 벌기 위해선 어떻게 해야 할까?

 증권시장은 막노동처럼 물리적인 힘을 요구하거나 의학처럼 엄청난 양의 방대한 지식을 요구하지도 않는다. 그러나 이 분야에서 성공하기 위해선 정신적 그리고 심리적으로 반드시 갖추어야 하는 요소들이 존재한다. 기본적인 지식, 스스로의 심리를 다루는 능력, 어떠한 상황에서도 일관성을 유지할 수 있는 정신력, 이 모든 것들을 '사고방식'이라 통칭한다.

믿음 Belief

투자에 있어 믿음이란, 내가 투자한 대상이 파산하거나 가치를 잃지 않을 것이라는 투자대상에 대한 믿음을 말한다. 이 믿음은 조정과 하락장으로부터 나의 재산을 지켜준다. 내가 쥔 주식의 가치가 밑바닥까지 하락하지 않으리란 믿음 없이는 절대 조정장에서 살아남을 수 없다. 상상해 보라. 누군가의 귀띔으로 산 실체도 모르는 회사의 주식에 전 재산을 투자하고 그 주식이 -20%, -30%의 하락을 겪는다면 그 주식을 팔지 않고 버틸 수 있겠는가? 성공한 투자자들이 대중에게 S&P500 등의 증권시장을 대표하는 지수펀드를 권하는 데에는 그만한 이유가 있다. 지속가능한 시스템에 대한 신뢰와 믿음이 투자의 근간이다.

증권시스템이 붕괴하고 세계 경제가 멸망할 것 같았던 2008년 금융위기 때도 증시는 다시 살아났다. 똑똑한 월스트리트의 고래와 상어들 그리고 세계의 패권을 쥐고 있는 미국은 절대 이 시스템이 붕괴하는 것을 보고 있지 않을 것이다. 인간은 언제나 문제에 직면하고 방법을 찾아 그 문제를 해결한다. 더군다나 그 문제를 푸는 사람들은 상위 0.1%의 천재들이다. 당신이 그들과 반대편에 서서 배팅한다면 당신이 승리할 확률은 매우 낮다.

> "주식시장은 확신을 요구하며, 확신이 없는 사람들은 반드시 희생된다." _피터 린치

원칙 Principle

인간은 감정과 본능의 동물이다. 즉, 대부분의 사람은 탐욕, 모험심, 공포 등 본능적인 감정과 심리로부터 자유롭지 못하다. 그리고 이러한 심리가 투자를 투기로 변질시키고 비이성적인 행동을 하게끔 만든다. 원칙을 가져야 하는 이유는 투자에 있어 근본적인 것에 집중하고 투자가 투기로 변질되는 것으로부터 스스로를 지키기 위함이다.

"사람들은 줄곧 피땀 흘려 모은 돈을 쓰레기 같은 주식에 몰방하고 전 재산을 날린다. 주식은 복권이 아니다. 주신 뒤엔 기업이 있고 기업이 좋은 실적을 내면 주식도 좋은 성과를 거둔다."

피터 린치의 명언 중 한 부분을 인용한 말이다. 원칙은 우리가 어떤 종류의 자산을 보유할지, 어느 정도의 리스크를 감수할지, 언제 수익을 실현할지, 조정 또는 하락장에 어떻게 대응할지를 분명히 해줄 뿐 아니라, 손실로 직결되는 비상식적인 행동을 유도하는 인간의 본능으로부터 우리의 자산을 보호해 준다. 자신만의 지속가능한 원칙을 세워라.

변동성에 대한 이해 Understanding Volatility

변동성은 가격의 등락, 즉 가격이 오르고 내리는 정도를 칭하는 단어다. 투자를 기피하는 대부분의 경우는 시장 구조에 대한 믿음이 없으며 변동성을 두려워한다. 그러나 변동성은 왜 존재하고 또 왜 존재할 수밖에 없는지에 대해 이해한다면, 변동성에 대한 두려움을 떨쳐낼 수 있다.

미국증시지수 차트를 현미경으로 들여다보면 매분 매초 가격이 상승과 하락을 반복하는 변동성을 관찰할 수 있다. 하지만, 이 변동성은 멀리서 볼수록 하나의 상행하는 일직선을 그린다. 개인마다 느끼는 시간의 빠르기는 다르다. 어떤 사람은 매일 자신의 포트폴리오와 주식 차트를 들여다보며 수익이 나기를 기다리거나 변동성이 생길 때마다 기분이 바뀌며 가격의 등락에 집착한다. 반면 다른 이는 시장에 영향을 미칠 만한 큰 사건이 일어나지 않는 한 변동성을 무시하고 꾸준히 투자하며 자신의 목표(주택구입, 은퇴 등)에 집중한다.

과연 누구의 삶이 더 풍요롭고 안정적일까?

또 어느 쪽이 더 성공적인 투자를 이뤄낼 수 있을까?

변동성에 일희일비하는 투자자의 일상은 완전히 망가진다. 하락변동성이 발생할 때마다 불안감에 차트를 매분 매초 들여다보고 일이 손에 잡히지 않으며 손실에 대한 생각이 머릿속을 떠나지 않는다. 당연히 정상적인 일상생활이 불가능해지고 이성적 판단력이 흐려져 합리적인 투자결정을 내리지 못하는 상태로 서서히 접어들게 된다.

반면에 안정적인 투자를 선택하게 되면 투자 자체가 일상에 영향을 미치지 않는다. 변동성은 당연히 존재하는 것임을 받아들이고 그저 하락변동성에 대응할 뿐 냉철한 판단력을 잃을 일도, 일상이 망가질 일도 없다.

당신이 어떤 투자방식을 선택하고 고수하느냐에 따라 당신의 일상이 바뀌게 된다. 변동성을 받아들이고, 무시하고, 이용해라. 파도를 타는 서퍼들은 파도를 읽고 파도에 올라탄다. 그들은 절대 파도를 거스르거나 파도에 빠져 허우적대지 않는다.

Hindsight is 20/20

Hindsight is 20/20 란, 모든 일은 지나고 나면 뚜렷하게 보인다는 뜻을 내포한 영어표현이다. 당장 내일 미국증시가 내릴지 오를지 아무도 알 수 없지만 내리거나 오르고 난 이후에야 '그럴 것 같았다'라는 생각이 자리잡게 된다는 얘기다. 그렇게 때론 이미 발생한 변동성을 보며 미래의 변동성, 즉 가격등락을 모두 맞춰 수익화할 수 있을 것 같은 착각이 들기도 한다. 하지만 현실은 세상 그 누구도 미래를 볼 수 없으며, 가격의 상승과 하락의 방향 내지 변동성의 고점과 저점을 예측할 수는 없다.

정말로 미래의 변동성과 자산 가격을 예측할 수 있다면 단숨에 억만장자가 될 수 있다. 하지만 세상에는 억만장자가 그리 많지 않다. 투자에 매료된 많은 사람이 미래를 예언하려 시도하지만, 그들은 때론 맞기도 때론 틀리기도 한다. 마치 우리가 동전 뒤집기의 결과를 예상하고 때때로 맞히듯이 말이다.

미래를 알 수 있는 방법이 없다면 우리가 변동성 앞에서 할 수 있는 것은 대응뿐이다. 투자의 원칙을 세우는 것은 대응 방안을 마련하는 것과 같다. 당신의 포트폴리오가 1년 사이 30% 상승한다면 어떻게 행동할 것인가? 반대로 -30%가 하락한다면 어떻게 대처할 것인가? 우리는 언제쯤 수익을 실현하고 현금을 보유할지, 그리고 어느 정도의 하락을 기준으로 자산을 추가로 매입할지 미리 계획을 세워 둘 필요가 있다.

우리는 통상적으로 50~70년이란 긴 시간 동안 투자를 하지만, 세월의 중간중간 세부적인 목표가 생기게 마련이다. 집을 구매한다거나, 여행을 떠난다거나, 꿈꾸던 자동차나 가방을 구매한다거나, 더 이상 일하지 않기 위해 필요한 연금 포트폴리오를 구축한다든가 하는 것 말이다. 그리고 우리의 투자원칙이 그 목표들을 이루게 해주는 기둥 같은 역할을 한다. 만약 내가 10년 후에 집을 사기로 마음먹었다면 10년이라는 시간에 맞는 투자원칙과 리스크관리를 한다면 우리는 더 빨리 그리고 안정적으로 목표를 이룰 수 있다.

원칙과 목표를 세우는 행위는 변동성에 대한 대비책을 세울 동기와 이유를 제공한다. 그리고 대비책을 세우는 행위는 변동성에 대한 대응방안을 생각하게 만든다. 이미 벌어진 과거는 선명하게 남는다. 하지만 인간은 한 치 앞의 미래도 알 수 없다. 미래를 볼 수 없다는 사실을 인지하는 순간 변동성은 대비와 대응의 영역이라는 사실을 깨닫게 된다.

시간과 리스크에 대한 이해 Understanding Time and Risk

자산관리에서 고객의 성향과 특성을 파악하는 KYC_{Know Your Client} 항목 중에서도 가장 우선시되는 기준은 고객이 투자금으로 이루고자 하는 다음 목표까지의 시간이 얼마나 있는지, 즉 변동성을 감내할 수 있는 시간이 얼마나 있는가를 알려주는 '시간'이다. 우리는 변동성을 예측할 수 없지만, 데이터를 활용해 주어진 시간 내에 가장 합리적인 투자 방법이 무엇인지 도출해낼 수 있다.

투자의 목적은 리스크 관리를 통해 원금을 지키며 수익을 극대화하는 것이다. 리스크를 관리하지 않고 수익의 극대화만을 좇는 도박과는 확연히 다르다. 예를 들어 1~2년 내로 현금자산을 사용해야 한다면 증시에 투자하는 것은 데이터상 도박에 가깝다. 그 누구도 1~2년 사이에 증권시장에 하락이 닥치지 않으리라 확신할 수 없기 때문이다. 그러므로 1년 내지 2년의 기간을 겨냥한 투자라면 예금을 이용하는 것이 가장 적합하다. 하지만 5년 내지 10년의 긴 시간이 있다면 이야기는 달라진다. 과거 데이터를 근거로 미루어 보았을 때, 5년 이상의 시간이 주어진 상황이라면 증시 또는 부동산에 투자를 하는 것이 수익률이나 리스크 측면에서 훨씬 더 합리적이다.

당신이 얼마의 기간 동안 투자할지 모르겠다면 스스로 다음의 질문을 던져보는 것이 도움이 된다.

- 투자의 목적과 이유가 무엇인가?
- 자산을 구입하기 위함인가?
- 노후 자금을 모으기 위함인가?
- 단순히 자산을 불리기 위함인가?

목적이 무엇이건 간에 스스로에게 던진 질문에 대한 답이나 목표가 확실하다면 변동성에 노출된 투자금을 회수해야 하는 시기가 대략적으로 언제인지 알 수 있다. 이 말은 남아있는 시간에 맞게 리스크를 조정할 수 있다는 얘기다.

예를 들어 5년 후 주택구입을 목표로 투자한다고 가정해 보자. 우리의 목표는 수익을 발생시키며 원금손실 없이 5년 후에 투자금을 회수하는 것이다. 이때 우리의 목표 연간 수익률은 최소 예금 금리의 2배 이상, 평균목표치는 지수의 연평균 수익률인 10%, 그리고 최대치는 그 2배인 20%다. (지수투자 기준 목표 수익률)

목표 수익률을 지정했다면 다음은 매수를 어떻게 진행할 것인가에 대한 고찰을 해야 한다. 투자를 시작하는 시점이 하락이 진행 중인 시장일 수도, 상승이 진행 중인 시장일 수도 있고, 조정 없이 상승이 오랫동안 진행된 시장일 수도 있다. 조정이 진행 중인 시장에서는 매수 비중을 50% 이상으로 무겁게 가져가도 괜찮지만, 조정 없이 상승을 3년 이상 이어온 시장이라면 조정을 대비해 첫 분할매수 비중을 30% 미만으로 가져가는 것이 좋다.

그 이유는 피터 린치의 주장대로 평균 2년에 한 번 증시에 조정이 온다고 가정했을 때, 내가 투자를 시작하자마자 조정이 올 수도, 투자를 시작한 후 2년 후에 조정이 올 수도, 혹은 투자기간 동안 조정이 한 번도 오지 않을 수도 있기 때문에 분할매수로 불확실성에 대한 대비를 하는 것이다.

그래야 조정이 올 때 보유해둔 현금을 사용해 더 매력적인 낮은 가격에 자산을 매입할 수 있다. 통계상 2년에 한 번꼴로 조정이 온다고 가정한다면 조정 없이 상승장을 오래 이어갈수록 조정이 올 확률이 높아지는 셈이니 그에 맞추어 리스크를 관리하는 전략이다. 반대로 조정이 오지 않고 상승을 이어간다고 하더라도 분할매수를 해두었기 때문에 수익을 통째로 놓치지 않을 수 있다. 현금비중은 유동적인 예금이나 채권에 넣어두면 된다. 역사적으로 가장 긴 상승장은 10년 이상도 지속되었기 때문에 조정이 오지 않았다고 해서 매수를 아예 하지 않는 것은 좋은 방법이 아니다.

분할매수를 하는 방법엔 여러 가지가 있지만 가진 총 현금 자산을 10분할 혹은 20분할하여 4~10주 간격으로 천천히 매수하거나 4~5분할하여 1~5차 매수시점을 정해두는 방법이 가장 범용적이다. 예를 들어 1차 매수는 즉시, 2차 매수는 시장이 -10% 이상 하락하거나 상승했을 때, 3차 매수는 -20% 이상 하락했을 시에, 4~5차 매수는 -30% 이상 하락이 발생했을 때 매수를 한다거나 하는 방법을 이용한다면 수익을 즐기면서 리스크를 최소화할 수 있다. 이후에는 목표한 시간이 다가오기 1~2년 전부터 천천히 수익을 현금화하며 안정적이고 유동적인 예금이나 채권으로 전환하는 것이 원칙이다. 주어진 시간이 줄어들수록 리스크를 줄이지 않으면 수익을 모두 잃게 될 수 있다. 현금화를 해야 하는 시점에 하락을 맞는 경우는 적잖게 발생한다.

하지만 현실에선 이토록 단순한 리스크관리 전략도 실행하기가 쉽지 않다. 첫 3년간 달콤한 수익률을 맛본 사람은 탐욕에 물들어 그간 누리던 수익률을 포기하고 겨우 2~3% 이자를 주는 예금상품으로 자산을 옮기기는 것이 탐탁지 않게 느껴지기 때문이다. 2024년 기준 지난 5년간 S&P 500의 수익률은 무려 86%였다. 중간마다 조정을 여러 차례 겪었지만, 연평균 17%의 수익률을 맛보게 되면 2~3%대 예·적금 이자 따위는 눈에 들어오지 않게 된다. 그러나 조정 없는 영원한 상승은 없다는 사실과 수익을 내는 것보다 내가 가진 자산을 지키는 것이 더 중요하다는 사실을 스스로 항상 상기시켜야 한다.

자산운용에 있어 시간 다음으로 가장 중요하게 고려되는 것은 개인의 성향과 리스크 민감도이다. 이 두 가지를 중요하게 고려하는 이유는 자산을 운용하는 데에 있어 고객의 정신적 안정감과 평안이 우선시되기 때문이다. 매년 50%의 수익을 안겨다 주는 헤지펀드라 할지라도 -20% 상태의 포트폴리오를 보며 손발을 떨고 잠이 들지 못하는 고객이라면 기대수익률은 아무런 의미가 없다.

변동성이 당연시되는 시장에서 마이너스 수익률을 당연시할 수 없다면 그 고객의 하루하루는 지옥으로 돌변한 것이 자명하다. 매일 불안에 떨어야 하는 삶이라니 얼마나 끔찍할지 상상이 되는가? 투자는 평생의 기간 동안 하는 것이다. 그렇기 때문에 더더욱 당신의 투자는 시스템의 보호를 받으며 자본주의에 기반한 것이어야 한다. 투자가 당신의 일상을 망치게 된다면 그것은 실패한 투자다.

현금흐름 관리 Cash Flow Management

포트폴리오에 이른바 '영끌'을 해서 투자를 하는 사람들은 조정장에서 비상상황이 닥쳤을 때 눈물을 머금고 손실을 감내해 현금화를 할 수밖에 없는 상황에 직면하게 될 확률이 높다. 실직이나 투병 등 인생에서 누구에게나 불시에 찾아올 수 있는 상황에 대비해 최소한 3~6개월 동안 수입이 없어도 해당 기간 동안의 고정지출을 해결할 수 있는 현금흐름을 확보해 두는 것은 필수적이다. 마이너스 통장처럼 급하게 언제든 현금을 조달할 수 있는 장치가 있다면 현금보유 비중을 낮춰도 괜찮다.

2008년 미국의 부동산과 증시가 폭락했다. 최 씨는 회사 구조조정으로 인해 하루아침에 실직자가 됐다. 그는 15억 원이 넘는 자산을 소유하고 있었지만 모두 부동산과 주식에 투자되어 있어 평가금액이 하루아침에 15억 원에서 8억 원으로 떨어졌다. 대출금, 생활비, 식비, 보험료, 할부금 등을 포함한 그의 평균 월 지출액은 800만 원 정도였다. 그러나 그가 보유한 현금은 1,500만 원도 채 되지 않았다. 2개월 내에 다시 취직을 하지 못하면 반토막 난 주식을 조금씩 정리해서 생활비를 충당해야 했다. 당연히도 2개월은 폭락한 경기가 회복하기엔 짧은 시간이었고 최씨는 반토막 난 주식을 팔아 생계를 유지해야하는 상황에서 거진 10개월을 보냈다.

    비상상황은 하루아침에 찾아온다. 미리 대비되어 있지 않다면 큰 손실을 입을 수밖에 없다. 자신의 고정지출액을 파악하고 충분한 현금흐름을 확보해 두자.

우리는 왜
투자로 돈을 잃는가

포모FOMO

포모FOMO, Fear of Missing Out란, 내가 누릴 수 있는 특권을 놓치고 있다는 심리적 압박감에 의한 공포상태, 혹은 남들이 누리는 것을 나만 누리지 못하고 있다는 상대적 박탈감을 느끼는 심리상태를 말한다.

예를 들어, 주위에 나를 제외한 모든 사람이 명품으로 치장하고 다닌다거나, 여행이나 호캉스를 즐길 때 군중심리에 의해 나도 이러한 유행을 따르지 않으면 낙오되는 듯한 기분과 빨리 남들이 하는 것을 하지 않으면 도태될 것 같은 공포감이 든다면 그것이 포모다. 이러한 라이프스타일에 관한 포모는 낭비로 이어지지만, 증권시장에서의 포모는 치명적 손실로 이어질 수 있다.

제임스는 A회사의 주식이 하루 만에 300%가 상승한 것을 목격했다. 가격이 폭등할 때 온라인 포럼에서는 이 회사가 자신들을 억만장자로 만들어 줄 것이라고 떠든다. 제임스는 여론을 보고 억만장자를 꿈꾸는 반열에 들기 위해 A회사의 주식을 대거 매수한다. 제임스는 A

회사가 무엇을 하는 회사인지, 순이익이 얼마나 되는지, 재무제표는 어떤지, 어떤 이유로 주식이 급등하는지는 전혀 알지 못한 채 그저 돈을 벌 환상만을 가지고 매수 버튼을 누른다. 다음날 주식이 다시 한번 소폭 상승한다. 제임스는 자신의 결정이 옳았다고 확신하며 남겨두었던 비상금마저 투자한다. 그 순간 마법같이 주가는 곤두박질친다. 여론은 억만장자를 꿈꾸는 희망찬 내용에서 이 주식은 끝났다는 부정적인 여론으로 순식간에 뒤바뀐다. 고점으로부터 -50%, -80%까지 주가가 폭락하지만, 제임스는 주가가 다시 반등할 것이라 믿으며 기다린다. 그렇게 몇 개월이 흐르도록 주가는 서서히 추락할 뿐 반등의 기미조차 보이지 않고, 그제서야 제임스는 자신의 욕심으로 전 재산을 날려 먹은 것을 깨닫는다.

포모(FOMO)는 충동적이고 비이성적인 투자결정을 하도록 생각을 부추긴다. 이러한 감정적 투자결정은 대부분 그리고 기필코 손실로 이어진다.

> "어떠한 자산에 투자하는 이유가 최근 가격이 상승해서여서는 안 된다." _워런 버핏

-50%의 손실을 보면 +100%의 수익을 만들어야 한다

한 투자자는 1억 원을 투자했으나 이내 주가가 폭락하여 -50%의 손실을 보고 5천만 원에 주식을 팔아 치웠다. 이 투자자가 다시 원금을 회복하기 위해서 만들어내야 하는 수익률은 몇 %인가? 50%라고 생각

했다면 안타깝게도 틀렸다. 5천만 원에서 +50%의 수익률을 만들어낸다면 원금 1억 원이 아닌 7,500만 원이 된다. 고로 50%의 손실을 보면 100%의 수익률을 만들어야 원점으로 되돌릴 수 있다. 탐욕을 억제하고 자본주의 시스템의 부양을 받는 대상에 투자하는 것이 중요하게 여겨지는 또 하나의 이유다.

매매를 하는 트레이더들은 이 사실을 아주 잘 알고 있기 때문에 항상 자동 손실제한Stop Loss을 설정해 둔다. 투자자와 트레이더는 다른 매매방법과 리스크관리법을 사용한다. 그 방법이 무엇이 되었든 자신만의 안전장치를 사용해라. 안전장치가 이중 삼중으로 되어있다면 더할 나위 없다.

투자와 장사의 공통점

증권시장은 개인과 기관들이 돈을 벌기 위해 증권을 사고파는 시장이다. 물건을 도매로 싼값에 떼어다 프리미엄을 붙여 소매로 파는 동대문 시장과 특징이 비슷하다. 당신이 100달러에 산 주식 하나를 500달러에 판매한다면 반대편엔 그 주식을 500달러를 지불하고 구입하는 사람이 있다. 당신에게 100달러에 주식을 판 사람은 그 주식을 50달러에 샀을 수도 있고 200달러에 샀을 수도 있다. 어느 쪽이건, 시장에서 적자를 보면서 장사를 하는 사람은 점점 가난해지고 흑자를 취하는 사람은 부자가 된다.

이윤을 남겨 파는 상인은 돈을 벌고 적자를 보고 파는 상인은 망한다. 당연한 이야기지만 증권시장에서는 스스로 적자를 내는 것을 마다하지 않는 사람이 많다. 앞서 이야기한 공포와 심리게임에서 패배한 시장참여자들이 그렇다. 당신이 어떤 시각으로 시장에 참여하느냐에 따라 결괏값이 달라진다.

인간의 본능과 탐욕

물건을 사고파는 시장에서 상인들은 이윤을 최대한 많이 남기고 싶어 한다. 수요와 공급의 균형이 없다면, 독점장사를 하는 사람은 최대한 비싼 가격에 물건을 팔아 가능한 많은 이윤을 남길 것이다.

100개의 삼성 주식을 보유한 당신은 주식거래상이다. 당신이 주식을 5만 원에 매수했다면, 당신은 최대한 많은 이윤을 남기기 위해 가격이 오르길 기다릴 것이다. 주식의 가격이 6만 원이 되고 8만 원이 될지라도 당신은 가격이 오르는 동안 더 높은 가격에 팔기 위해 주식을 팔려 하지 않을 것이다, 탐욕에 잠식당한 사람은 가격이 다시 내려갈 수도 있다는 생각 따위는 하지 않는다. 그러나 단숨에 주식의 가격이 다시 6만 원 그리고 4만 원으로 하락한다면 어떨까? 우상향하던 가격이 한순간에 곤두박질치면 대다수의 사람은 돈을 한 푼이라도 더 지키기 위해 손실을 보더라도 헐값에 팔아 치운다. 더 많은 이윤을 남기기 위해 팔지않고 높은 가격을 기다리던 사람들이 적자를 보며 물건을 팔아 치우는 모습은 증권시장에서 비일비재하다.

사람들은 생각보다 비이성적인 행동과 결정을 자주 내리곤 한다. 그만큼 원초적인 심리의 영향을 많이 받는 동물이 인간이다.

"어떤 사람들은 자신이 장기투자자라고 생각하지만, 시장이 폭락하거나 조금만 오르면, 그 시점에 단기투자자로 돌변하여 커다란 손실 또는 푼돈을 벌고 주식을 모두 팔아버린다. 투자라는 변덕스러운 사업에서는 공포에 빠지기 쉽다." _피터 린치

레버리지 Leverage

레버리지란 지렛대라는 뜻을 가진 영단어이다. 하지만 금융계에서 레버리지는 대출을 뜻하는 단어다. 레버리지를 사용해 투자한다는 말은 빚을 내서 투자를 한다는 뜻과 동일하다. 레버리지를 사용하는 것은 매우 위험한 방법이며 비전문가(=대중)에게는 결코 적합하지 않지만, 올바르게 사용될 경우엔 수익을 극대화하거나, 위기를 기회로 전환하거나, 손실을 줄이는 도구로 사용될 수 있다. 사용하지 않는 편이 좋으나 사용을 지양하기 위해선 그 이유를 알아야 한다. 예를 들어 현금이 없는 상황에서 증시가 폭락해 좋은 매수기회를 포착한 상황이라면 레버리지를 사용해 싼 값에 주식을 매수하여 매수단가를 낮춰 포트폴리오가 더 빨리 회복될 수 있도록 하거나, 대출을 사용해 현금보유량보다 가치가 훨씬 높은 부동산을 구입할 수 있다.

레버리지는 개별적으로 신용대출이나 담보대출을 사용해 현금을 조달하는 방법도 있지만 대부분의 증권거래소에서는 레버리지를 이용할 수 있는 마진 Margin 시스템을 제공한다. 마진시스템이란 내가 계좌에 보유하고 있는 돈이나 주식을 담보로 돈을 빌릴 수 있게끔 해주는 시스템으로, 내가 증권계좌에 보유한 현금으로 구입할 수 있는 주식의 양보다

더 많은 주식을 구입할 수 있게 해주는 기능이다. 예를 들어 내가 100만 원 상당의 A 주식을 마진계좌에 보유하고 있다면 마진(=레버리지)으로 마진계좌가 허용하는 마진 비율에 따라 추가로 주식을 구입할 수 있다. 통상적으로 100만 원을 보유하고 있다면 200~300만 원 상당의 주식을 구입할 수 있으며 한도는 보유한 주식의 변동성에 따라 다르다.

레버리지를 비전문가(=대중)에게 추천하지 않는 이유는 레버리지가 소위 말해, '양날의 검'이기 때문이다. 다음은 100만 원의 증거금(나의 순수 자본금)으로 100만 원을 마진으로 빌려 200만 원의 주식을 보유할 경우 수익과 손실이 났을 때의 결괏값이다.

50% 수익 시
200만 원 × 150% = 300만 원 - (마진 100만 원 + 이자) = 200만 원 - 이자

수익시엔 레버리지를 끌어쓴 만큼 배로 수익이 나게 된다. 하지만 반대로 손실이 난다면 어떻게 될까?

-50% 손실 시
200만 원 × 50% = 100만 원 - (마진 100만 원 + 이자) = 0원 - 이자

위의 계산처럼 큰 하락으로 인해 손실이 발생할 경우 모든 원금을 잃고 이자라는 빚마저 떠안게 될 수도 있다. 대부분의 마진 계좌는 강제청산 시스템이 존재하기 때문에 계좌가 마이너스 손실에 다다르기 이전에 증권회사에서 나의 주식들을 시장가에 강제로 매도하여 마진

과 이자를 충당한다. 이처럼 레버리지는 수익률을 배로 늘릴 수 있는 도구가 될 수도 있지만, 반대로 원금을 단기간에 모두 잃어버릴 수도 있는 위험한 도구다.

그렇다면 레버리지는 어떻게 사용해야 할까?

대중에게 가장 적합한 레버리지의 사용은 리스크관리를 목적으로 하는 것이다. 탐욕을 위한 레버리지는 보통 독이 되는 경우가 많다. 이른바 영끌투자나 부동산 갭투기가 대표적인 예시다. 성공하면 대박, 실패하면 깡통이지만 결국 투기는 반복할수록 깡통으로 수렴한다. 구조적으로 그렇다. 투기가 유리한 게임이었다면 세상엔 성공한 투기꾼들로 넘쳐나야 맞다. 그러나 현실엔 성공한 투기꾼들보다 사기꾼들이 훨씬 많다.

리스크관리를 위한 레버리지 사용은 상황판단과 용기 그리고 결단력이 필요하다. 증시의 급락이 만들어내는 혼돈을 틈타 공포에 주식을 사들이거나, 다른 곳보다 시세가 높지만 부동산 가치가 뛰어난 곳에 대출을 이용해 집을 구입하거나 하는 등 심리적으로 불편한 상황에서의 결단은 좋은 결과로 이어지는 경우가 많다.

착한 빚과 나쁜 빚

레버리지 = 빚 = 신용이란, 나의 소득이나 자산 또는 신용도를 기반으로 돈을 빌릴 수 있는 하나의 금융시스템이다. 주위에는 신용카드,

마이너스통장, 자동차·주택담보 대출 등 다양한 신용시스템이 존재한다. 그리고 이러한 신용시스템은 사용하기에 따라 사용자에게 이익을 가져다주는 착한 도구가 되기도, 사용자의 돈과 삶을 빨아먹는 거머리가 되기도 한다. 즉, 사용하기에 따라 빚은 이로운 역할을 하는 착한 빚이 되기도 고금리로 돈을 빨아먹는 나쁜 빚이 되기도 한다.

자산운용 측면에서 착한 빚은 다음과 같이 정의된다.

"내가 만들어 낼 수 있는 수익보다 금리(비용)가 낮은 빚."

예를 들어, 이자율 4%의 대출은 투자자에게 착한 빚이 될 수 있다. 자산관리사로 있으면서 억대의 자산가들이 주택담보대출을 받는 경우를 자주 봐왔다. 연간 포트폴리오 수익이 8~11%씩 나는 그들에게 4%의 대출은 연간 4~7%의 순이익을 안겨줄 착한 빚으로 여겨진다.

남들이 은행에게 돈을 가져다 바치며 이용당하는 동안 이들은 오히려 은행을 이용해 본인들의 주머니를 불리고 있었다. 고객을 상대로 돈을 버는 은행을 역이용 한다니 얼마나 역설적인가? 그들은 자본주의의 원리와 증권시장에 대한 믿음으로 리스크를 감내하고 4%의 이자를 내는 대신 연평균 10%의 수익을 발생시켜 왔다. 이렇게 그들에게 수익을 가져다주는 금리 4%의 빚은 말 그대로 착한 빚이다. 하지만 같은 4% 금리의 빚이라도 수익을 발생시킬 수 있는 시스템을 이용하지 않고 있다면 누군가에 이 빚은 나쁜 빚이다. 현금을 이용해 3% 예금이자를 받으면서 4%의 대출금리를 지불하고 있다면 그야말로 바보다. 당장 현금으로 대출을 갚고 필요할 때 다시 빌리는 것이 더 이득이다. 대출을 기피하는 고객도 많았다. 신용이라는 시스템을 부정적으로 생각하고 대출 없는 삶을 지향하는 이들에게 빚은 마음의 평화를 해치는 주범이다. 안타깝게도 이들 중 99%는 결코 자본가가 될 수 없다.

    자본가가 되기 위해서는 시스템이 제공하는 도구들을 적절히 이용할 줄 알아야 한다. 시스템이 연간 10%의 수익을 제공하는 동안 누군가 당신에게 4%의 비용으로 대출을 내어준다면 그 기회를 덥석 물어야 한다. 단순히 '돈을 빌려 이자를 내는게 아깝다'거나 '대출이 없는 삶을 지향한다'는 이유로 기회를 떠나보내는 사고방식은 노동자 식 사고다.

    자본가는 자신에게 허락된 모든 도구를 활용해 자본을 창출해 낸다.

본질은 심플하다

　자본주의 구조에 기반한 투자가 지루하고 조금 더 큰 리스크를 탐하는 사람도 분명 존재할 것이다. 모든 투자자는 빠르게 돈을 벌기를 원하고 이를 달성하기 위해 좋은 기업의 주식을 보유하기를 원한다. 하지만 좋은 기업 그리고 좋은 주식이란 뭘까?

　좋은 기업이란 사업수완이 좋고 진입장벽이 높아 경쟁으로부터 보호되면서, 주주의 이익을 최우선으로 하는 기업을 말한다. 결국 좋은 주식은 투자자에게 장기적으로 많은 이익을 가져다주는 주식이다. 그렇다면 이런 주식들은 어떻게 발굴해 낼 수 있을까?

　우리는 먼저 무엇이 가격을 정하는지, 시장이 가격을 형성하는 원리에 관심을 가져볼 필요가 있다. 앞 챕터에서 이야기한 것처럼 가격을 형성하는 원리는 수요와 공급의 균형 그리고 통화량에 있다. 수요와 공급이 일정한 균형을 형성하고 있을 때, 시장 참여자들이 보유한 현금의 양이 많아진다면 자산의 가격은 상승한다.

　예를 들어, 한국 부동산의 경우 개발된 도시의 면적은 매우 한정적이나(공급의 제한) 인구밀도는 높은 축에 속한다. 그리고 대다수의 사람은 편의성이 제공되는 개발된 서울권의 도심에서 살기를 원한다. (수요) 이렇게 수요와 공급의 균형에 따라 일차적으로 가격이 형성된다.

30년 전 서울 강남의 50평 아파트 1세대의 매매가격이 3억 원이었고 현 매매가가 그 10배인 30억이라고 할 때, 이러한 가격이 형성될 수 있었던 1차적 배경은 서울에 지어질 수 있는 아파트의 공급량이 제한적이고 그에 따른 수요가 절대적으로 많았기 때문이다. 2차적 요인은 통화량의 증가다. 공급이 제한적이고 수요가 아무리 많더라도 시장에 순환되는 돈이 없다면 가격상승에 제한이 걸린다. 하지만 반대로 통화량이 많아진다면 자산의 가격은 기하급수적으로 상승할 수 있다. 현재 서울 아파트의 가격이 형성된 배경이 이를 증거한다. 많은 개인들이 도대체 그 많은 돈이 어디를 통해 부동산 시장으로 들어가는지 궁금해한다. 이에 대한 답은 법을 개정하는 다수의 정치인, 은행, 그리고 상위 0.5%의 부를 거머쥔 자본가들이라고 해두겠다.

돈은 언제나 여러 자산에 분포되어 있다가 투자자들의 관심이 특정 자산으로 쏠릴 때 이동한다. 자본주의 시장에서는 모두가 자산증식을 원하기 때문에 이러한 추세가 형성되면 너도나도 돈을 벌기 위해 수요가 급증하고 돈의 흐름이 열린다. 이렇게 시장의 가격이 형성되어 가는 와중에도 중앙은행에서는 끊임없이 돈을 찍어내고 유통시킨다.

시장에 순환되는 돈의 총량은 우리가 인지하지 못하는 사이에도 계속해서 늘어나고 있다. 그렇게 되면 기존의 통화량, 그리고 수요와 공급이 형성했던 가격의 고점이 허물어지며 그 위로 가격이 상승하게 된다. 모든 변수가 고정되어 있다고 가정할 때 돈의 총량이 늘어나면 가격 또한 올라가는 것이 화폐가치와 자산 가격의 역관계이고, 우리는 이

것을 물가상승Inflation이라고 부른다.

경제이론에 대한 부분이 충분히 이해되었다면 이제 실제로 돈의 흐름을 포착하는 방법에는 무엇이 있는지 알아야 한다. 자산별로 그 세부적인 데이터를 분석하는 방법은 모두 다르다. 하지만 이 책을 읽는 사람이라면 아마도 부동산이나 채권보다는 접근이 쉽고 데이터가 풍부한 주식시장 안에서의 돈의 흐름에 관심을 가질 것이다.

【 시가총액 기준 주요 자산 (단위: 조 달러) 】

순위	자산명	시가총액	단가	변동률(30일)	국가
1	금	22.32	3,324	−0.91%	글로벌
2	마이크로소프트	3.51	472.75	+0.50%	미국
3	엔비디아	3.48	142.63	+0.64%	미국
4	애플	3.05	201.45	−1.21%	미국
5	아마존	2.30	216.98	+1.60%	미국
6	비트코인	2.18	109,525	+3.72%	글로벌
7	알파벳(구글)	2.11	177.63	+1.67%	미국
8	은	2.06	36.66	−0.36%	글로벌

출처: CompaniesMarketCap.com 기준 재구성(2025년 6월 기준)

한 자산에 돈이 많이 흘러 들어갈수록 자산의 가격은 상승하고, 당연히 자산의 시가총액 또한 상승한다. 즉, 돈의 흐름을 관찰하는 방법 중 하나는 자산의 시가총액 추이를 살피는 것이다.

구글에 'market cap by asset'을 검색어로 검색해 보면 다양한 출처들이 세계의 자산별 시가총액을 순위별로 적나라하게 보여준다. 우리는 이 순위를 관찰하는 것만으로도 증시 내에서 돈의 흐름이 어떻게 움직이는지 어떤 자산으로 돈이 몰려들고 있는지 알 수 있다.

예를 들어 몇 개월 전만 해도 시가총액 순위권 밖에 있던 자산이 순식간에 혹은 천천히 상위권으로 부상한다면 그 자산에 대해 돈이 몰리고 있다는 뜻이다. 그러니 해당 자산을 조사해 볼 필요가 생긴다고 할 수 있다.

왜 자산으로 돈이 흘러 들어가는지, 그 이유가 거시적 트렌드에 부합하는지, 지속가능성이 있는지, 어떤 리스크를 내포하고 있는지 등의 기초적인 조사와 비판적 사고를 해보는 것이 투자결정을 내리는 데 필요한 기초적이면서도 단순한 절차이다. 투자는 생각보다 논리적이고 심플하다. 워런 버핏 또한 투자는 매우 단순하며 기업분석이나 학위취득을 하는 것이 성공적인 투자에 큰 도움이 되지는 못한다고 이야기한 적이 있다. 오히려 월가에서 일하는 온갖 학위와 자격증을 취득한 엘리트들은 복잡한 고등지식을 습득함으로써 그 능력을 사용하려고 애쓰기 때문에 본질적인 것에 집중하지 못한다는 것이다. 특별한 지식이 없이도 누구나 수완 좋은 장사를 해낼 수 있듯이 투자 또한 그렇다. 그저 본질에 집중하면 된다.

혹자는 시가총액 상위 3등 안에 위치한 자산을 모으는 것이 트렌드를 타고 안정적으로 수익을 내는 방법이라고 말한다. 이러한 방식의 투자를 선호하는 개인이라면 시가총액 1위 자산을 보유하며 본인의 포트폴리오가 건재한지 모니터링 하는 것이 포트폴리오와 리스크 관리의 일환일 것이다. 자신의 보유한 자산이 시가총액 순위에서 밀려나진 않았는지, 돈이 흘러 들어오며 시가총액이 꾸준히 상승하고 있는지, 그리고 거시 트렌드가 바뀌며 순위가 변동될 조짐이 보이지는 않는지 등의 행위가 모니터링의 예시일 수 있겠다.

통화량을 움직이는 사건들

돈이 흘러 들어가는 대상의 가격이 오르는 것이 필연적이라면, 더 많은 돈을 유통하는 사건들은 자산의 가격을 올리는 촉진제가 된다. 그렇기에 우리는 어떤 사건들이 통화량을 증가시키는지 알아둘 필요가 있다.

선거는 막대한 양의 돈이 시장에 풀리는 메인 이벤트다. 특히 미국의 선거는 그 규모가 상상을 초월한다. 2020년 미국 대선의 경우 약 140억 달러(한화 19조 원)가 사용되었다. 이 돈은 결국 시장에 풀려 여러 매체들을 통해 여러 자산으로 흘러 들어간다. 그리고 흘러 들어간 돈은 투자되어 자산의 가격을 끌어올린다.

금리 인하는 중앙은행이 이자율을 낮춰 기관과 개인이 화폐를 더 싼 값에 빌릴 수 있게 함으로써 화폐 유통량을 증가시킨다. 기관들을 포함한 많은 개인들이 돈을 쉽고 싸게 빌릴 수 있게 되니 당연히 돈이 시장에 풀린다. 미국은 2008년 금융위기 이후로 경제를 회복시키기 위해 0%에 가까운 금리를 약 10년간 유지했다가 서서히 금리를 올리려는 듯 싶었으나 2020 코로나 사태로 경제위기가 터지자 다시 제로금리

상태를 유지하며 추가로 실직자들에게 많은 양의 지원금을 풀면서 시장에 유통되는 통화량이 폭발적으로 증가시켰다. 그 결과 증시 지수의 가격이 4년 사이 2~3배가량 폭등하는 상황이 발생했고, 이는 통화량과 자산가격의 상관성을 뚜렷하게 보여준다.

정부의 정책 또한 화폐유통량을 증가시킬 수 있다. 앞서 이야기한 것처럼 코로나 창궐 당시 전 세계적으로 여러 업종에 종사하던 노동자들이 실직하면서 전 세계적으로 여러 정부가 역대 최고 규모의 지원금을 방출했다. 실업자의 생계유지가 목적이었던 지원금이었지만 결과적으로 쉽게 얻어진 돈이 쉽게 소비되고 물가와 자산의 가격을 폭등시키는 결과를 초래한 셈이다. 이 외에도 부동산관련 대출 규제 완화 등 다양한 정책추진을 통해 간접적으로 돈의 흐름을 증가시키거나 특정 자산으로 돈의 흐름을 유도할 수 있다.

| Summary |

화폐가 유통량이 증가하면 자산의 가격이 상승한다.
화폐 유통량을 증가시키는 사건들이 무엇인지 알고 있다면 더 나은 투자결정을 내릴 수 있다.

올바른 판단을 하고도
실패하는 이유

나는 투자를 하는 사람들을 아주 많이 만나왔다. 투자로 자산가가 된 사람도 많았지만 반대로 돈을 잃은 사람이 더 많았다. 재미있는 사실은 성공한 투자자들과 실패한 투자자들의 투자대상에는 큰 차이가 없었다는 점이다. 왜 같은 대상에 투자하면서 누군가는 돈을 벌고 누군가는 잃을까? 투자 대상에 문제가 없다면 역시 문제는 투자하는 사람에게 있다.

우연히 사교모임에서 만난 사업가가 있었다. 식사를 대접받고 감사한 마음에 투자 정보를 건넸다. 그러자 사업가는 이렇게 말했다.

"2020년도에 그 투자를 이미 해봤고 당시 -65%의 손실을 보았습니다."

이 자산은 당시 큰 변동성을 겪었지만 1년 만에 이 사업가가 매입한 가격의 6배로 폭등한 자산이었다. 그러나 이 사업가는 그 변동성을 견디지 못해 원금의 65%를 잃고 손실을 메꾸기 위해 이후 몇 년이나 밤낮없이 일했다고 말했다. 왜 그런 투자결정을 내렸느냐고 물었더니 사업가는 친구의 추천만 믿고 당시 투자를 시작하게 되었다고 이야기했다.

단 몇 개월 만에 6배를 벌어들일 수 있는 좋은 투자정보가 있어도 대상에 대한 믿음과 인내가 결여되어 있다면 시장에서 성공을 거두기 어렵다. 만약 그가 당시 투자한 자산에 대한 지식과 믿음, 변동성과 자본주의에 대한 이해, 그리고 시장의 원리에 대해 알고 있었다면 그는 지금쯤 돈방석에 앉아 있을 것이다.

결국 자산을 지키기 위해선 투자대상과 시스템에 대한 믿음이 필요하다. 고심 끝에 투자결정을 내렸다면 어떤 변동성이 몰아쳐도 견뎌내야 한다. 대부분의 투자대상은 과거 데이터를 통해 어느 정도의 변동성을 수반하는지 파악할 수 있다. (물론 투자대상이 상장폐지 되거나 하루아침에 없어질지도 모르는 기업이라면 이야기는 달라진다.) 그러므로 지속가능한 투자대상을 지정하고, 변동성에 대응할 계획을 세우고, 위험관리를 어떻게 할지 고민해라. 자신이 무엇을 하는지 모른 채로 제로섬 자본주의 게임에 참여한다면 반드시 희생된다.

"무엇을 소유하고 있는지, 왜 그것을 소유하고 있는지 알아라."

_피터 린치

UNKNOWN
RICH

>

튼튼한 토대 위에 지어진 건물은
100년을 간다. 이에 더해 훌륭한
내부설계와 인테리어는
건물의 가치를 폭등시킨다.
투자도 마찬가지다.
지속가능한 원칙과 사고방식의
토대 위에 훌륭한 매매기술을
더했을 때 우리 포트폴리오의
가치는 폭발적으로 상승한다.

>

CHAPTER 7

기술과 핵심

시스템 위에 서는 기술

UNKNOWN
RICH

자산운용은 기술이다

60:40 컨벤셔널 포트폴리오 Conventional Portfolio

하나의 포트폴리오는 한 종류의 자산을 여러 개 담고 있거나 여러 종류의 자산을 포함한다. 지속가능한 수익을 창출하는 포트폴리오를 만들기 위해 주식, 채권, 부동산, 금, 암호화폐, 미술품 등 가치저장의 수단이 되는 모든 것들이 사용될 수 있다.

60:40 컨벤셔널 포트폴리오란, 투자 포트폴리오의 공격적인 자산의 비중과 안정적인 자산의 비중을 60:40의 비율로 유지하는 전략을 뜻한다. 예를 들어 60%는 암호화폐나 주식과 같은 공격적으로 수익을 안겨줄 수 있는 유동자산으로 구성하고 40%는 채권이나 금 ETF 등과 같이 안정적이면서 변동성이 적은 유동자산으로 배분해 포트폴리오를 구성한다.

포트폴리오를 이러한 비율로 구성하는 이유는 크게 두 가지가 있다. 첫째로는 경제 또는 증권시장이 어느 방향으로 흘러갈지 아무도 모르기 때문에 안전자산을 일정량 보유함으로써 조정·하락장에 대비가 되어있는 상태를 구축하는 것이다. 갑작스런 하락이 발생할 경우에 큰 손실을 보지 않고 현금화해 쓸 수 있는 안전자산은 싼 값에 주식을 매수할 기회로 작용하거나 갑작스레 현금이 필요한 상황에 처할 경우 자금조달처의 역할을 한다.

두 번째 장점은 60:40 비율의 파이 차트가 투자자에게 언제 주식을 팔아 이익을 취하고 언제 추가로 주식을 구입할지 알려주는 지표 역할을 한다는 점이다. 예를 들어 투자자 A가 60%의 주식과 40%의 채권을 구입했고 1년 후 주식이 20% 성장하고 채권 수익률은 3%에 그쳤다고 가정해 보자. 이 경우 공격자산과 안전자산의 비율이 60대 40이었던 투자자 A의 포트폴리오는 $(60 \times 1.20\%) : (40 \times 1.03\%) = 72 : 41.2 \rightarrow 63.6 : 36.4$, 약 64대 36의 비율로 변화하게 된다.

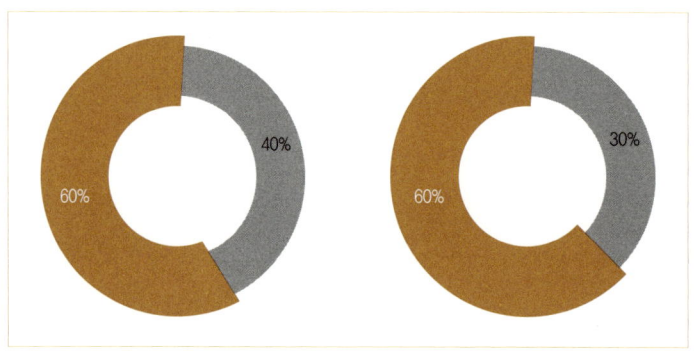

그리고 만약 5% 혹은 10%를 기준으로 포트폴리오를 재조정한다면, 파이 차트가 65:35 혹은 70:30으로 기울 때마다 공격자산을 팔아 안전자산을 구입해 60:40으로 다시 포트폴리오를 재조정한다. 반대로 증시가 하락해 포트폴리오가 50:50 혹은 40:60으로 기울게 될 경우,

안전자산을 팔아 공격자산을 싼 값에 구매하며 다시 포트폴리오를 재조정한다.

포트폴리오가 항시 60:40의 비율을 유지할 필요는 없다. 증시가 폭락해 기회가 포착된다면 모든 안전자산을 사용해 공격자산의 비중을 90~100%까지 과감하게 늘리고, 추후에 회복이 되고 다시 조정이나 하락 리스크가 증가할 때 비중을 60:40으로 재조정할 수도 있다. 핵심은 60:40 컨벤셔널 포트폴리오가 지속가능하고 안정적인 투자를 할 수 있는 지표 또는 기준점이 되어준다는 점이다. 개개인의 리스크 민감도 그리고 포트폴리오 조정기준과 원칙에 따라 60:40 혹은 70:30 등 개인만의 기준을 만들어 체계화된 투자와 포트폴리오 관리를 할 수 있다.

헤지 전략 Hedging Strategy

헤지Hedge란 위험부담을 줄인다는 말로 금융 분야에서는 예기치 못한 위험으로부터 포트폴리오를 보호하기 위한 수단을 의미한다. 60:40 컨벤셔널 포트폴리오에서 40%의 안전자산이 헤지 역할을 하는 것처럼 리스크를 줄일 수 있는 헤지 전략에는 여러 가지가 존재한다.

풋옵션이나 공매도를 통한 헤지 포지션 등 대부분의 개인들은 죽을 때까지 마주할 일이 없는 다양한 리스크관리 전략이 존재하지만, 트레이딩을 업으로 삼는 사람이 아니라면 공매도나 옵션 등의 파생상품은 손대지 않는 것이 좋다. 이러한 파생상품들은 이해하기도 어려울 뿐더러 초고위험군에 속하는 도구이므로, 잘못 사용했다간 오히려 큰 손실을 야기하게 된다.

파생상품에 대한 위험성을 교훈으로 주는 비극 실화도 많다. 그중에서도 선물거래로 100억을 넘게 벌었지만 단 1주일 만에 모두 잃고 14억의 빚더미에 앉게 되어 스스로 목숨을 끊은 트레이더의 이야기가 있다. 그는 여러 번의 실패를 딛고 일어나며 평생 써도 모자랄 정도의 수익을 벌어들일 만큼 실력이 뛰어난 사람이었음에도 파생상품이라는 지속가능성이 결여된 도구를 아무런 헤지 전략도 없는 상태로 활용했기 때문에 결국 빚더미 속에서 스스로 목숨을 끊는 비극을 맞았다.

구조적으로 지속가능성이 없는 시스템은 이를 통해 많은 돈을 벌게 될 수도 있지만 단 며칠 만에 전 재산을 잃게 될 수도 있다. 1,000억을 벌게 해줄 수 있을지라도 이를 하루아침에 잃을 수 있는 시스템은 아무런 의미가 없다. 대다수 사람들이 카지노로 돈을 벌러 가지 않는 이유도 같은 맥락이다.

아무튼 헤지 전략은 지속가능성을 갖추게 해주는 도구 정도로 생각할 수 있다. 선물거래나 옵션 등의 파생상품 거래도 헤지 전략을 동반해 기계적으로 거래한다면 충분히 지속가능성을 갖추게 될 수 있지만 인간은 탐욕 등의 본능과 감정 때문에 리스크관리를 등한시한다.

결론만 이야기하면 효과적인 헤지 전략은 매우 심플하다. 꾸준한 적립식 매수와 일정량 안전자산을 보유해 예기치 못한 미래에 대비하는 것. 이 정도면 충분하다. 사람들은 증권시장을 예측하기 위해 수백 수천 가지 데이터와 지표를 이용해 분석하지만, 사실 분석이 대중에게 큰 의미가 없다는 사실은 이미 전설적인 투자자들을 통해 간증되었다. 하락장을 예측하는 사람들은 수년의 대상승장 내내 폭락을 이야기하며 막대한 수익을 놓친다. 반대로 상승장을 예측하는 사람들은 하락장이

임박한 꼭대기에서 분할매수나 리스크관리 전략 하나 없이 전 재산을 공격자산에 투자한다.

헤지 전략, 즉 지속가능성을 갖춘 투자자만이 모든 상황에서 웃을 수 있다.

투자원칙은
건물의 토대와 같다

가치투자

가치투자란 기업이나 투자상품의 가치에 기반해서 투자 결정을 내리는 것을 말한다. 저평가된 기업을 찾아 매수하는 워런 버핏과 찰리 멍거의 투자철학이 바로 이 가치투자에 기반한다. 이 가치투자는 철저히 자본주의 원칙을 준수하는 방식을 따른다. 저평가된 기업의 주식을 찾거나 거대한 미래가치를 갖는 기업의 주식을 찾아내는 것이 가치투자의 핵심이다.

저평가된 기업의 주식을 찾기 위해선 기업의 가치를 계산할 줄 알아야 한다. 하지만 개인이 각 기업의 재무제표를 읽고 PER, EBITDA 등 재무 지표나 분석기구를 사용해 기업의 가치를 산정하고 투자결정에 담아내는 것은 쉽지 않다.

하지만 개인이 주식을 구입하기 전 복잡한 재무분석 대신 해볼 수 있는 것이 한 가지 있다. 당신이 보유한 주식이 어떤 현재 혹은 미래가치를 지니는지 누군가에게 설명해 보는 것이다. 피터 린치는 만약 11

살짜리 아이에게 2분 만에 왜 특정 주식을 보유해야 하는지 설명할 수 없다면, 그 주식을 보유하지 말라고 말했다. 이 말에는 엄청난 지혜가 담겨 있다.

예를 들어 2010~2014년쯤 스마트폰 시장을 독점하던 애플과 삼성이 좋은 성적을 낼 것이라는 것은 재무분석 없이도 예상 가능한 분야였다고 생각한다. 거의 모든 사람들이 스마트폰을 사용하고 있었고 각 기업들이 자회사 스마트폰에 연관된 파생제품을 끊임없이 내놓고 있었기에 좋은 매출을 올릴 것이라고 예상하는 것은 어렵지 않았다. 실제로 이와 같은 생각을 한 개인들은 셀 수 없이 많았다. 하지만 실제로 주식을 구입하고 그 수혜를 입은 개인들은 수익이나 돈이 아닌 본질에 집중하고 주식을 매입한 사람들뿐이다.

같은 생각을 했지만 일확천금을 좇거나 단기간에 큰 수익을 벌어들이기 위해 이름도 들어보지 못한 잡주를 긁어모으던 개인들은 수익을 모두 놓쳤을 뿐 아니라 빈털터리가 된 사람도 셀 수 없이 많다. 투자는 투기가 아니다. 자본주의의 본질과 자산의 가치를 판단해 돈을 지속가능한 대상에 저장하는 행위이다.

"우수한 기업의 주식을 보유할 때 시간은 투자자의 편이다."

_피터 린치

지속가능성 Sustainability

지속가능성은 왜 세계적인 금융회사들로부터 십수 년간 끝없이 조

명받고 있는가? 투자를 하다 보면 지속가능성을 갖추고 있지 않아도 수익이 나는 경우가 있다. 100억을 벌고 단숨에 빚더미에 앉게 된 트레이더의 경우가 그렇다고 볼 수 있다. 짧은 시간 동안은 올바른 구조를 갖추지 않아도 결정이 맞다고 보이는 상황이 온다. 그러나 이러한 일시적인 행운에 현혹되어서는 안 된다. 지속가능성이 결여된 시스템은 반드시 실패한다.

고장 난 시계도 하루에 두 번은 맞는다는 말이 있다. 고장 난 시침이 잘못된 시간을 가리키고 있어도 24시간 중 두 번은 그 시침이 가리키는 시간이 오기 때문에 고장난 시계가 맞을 때도 있다는 말이다. 지속가능성을 갖추지 않은 투자는 고장난 시계와 같다.

원칙과 지속가능성을 무시하고 오로지 수익만을 좇는 투자자도 수익을 낼 수 있다. 하지만 그렇게 벌어들인 수익은 머지않아 시장 속으로 증발하게 된다. 지속가능성이 결여된 투자는 불리한 확률로 도박을 지속하는 행위와 매한가지라고 생각하면 된다.

지속가능성은 어떻게 갖출 수 있을까? 사실 이 책에서 수없이 반복해 온 모든 이야기들이 이미 지속가능한 구조에 대해 이야기하고 있다. 일차적으로 지속가능한 투자를 가능케 하는 것은 개인의 올바른 사고방식과 원칙이다.

투자자 A는 가격이 급등했다는 이유로 이름도 들어본 적이 없는 주식을 구입한다. 이내 주식은 고공 행진하며 구입한 금액의 두 배로 가격이 치솟는다. 가격이 오른 것을 보고 자신의 투자결정에 확신이 생긴 투자자는 여유자금을 모두 털어 투자한다. 이곳 내 주가는 -75% 하락하며 상승하기 이전의 가격으로 돌아가고 투자자는 결국 천문학적 손실을 입게 된다. 투자대상에 지속가능성이 없다면 주가가 다시 매수 평균가 언저리로 회복될 수 있을지는 미지수다.

반대로 투자자 B는 미래산업의 핵심이 되는 부품을 생산하는 기업의 주식을 꾸준히 사 모은다. 가격이 -30%, -50%의 하락을 겪어도 기업의 가치에 집중하며 핵심적인 가치가 훼손되지 않았다고 판단해 주식을 계속해서 사 모은다. 5년 후 이 주식의 가치는 15배(=1,500%)가 넘게 상승하며 150년 치 수익률을 5년 만에 달성한다.

가격은 여러 개인이 부여하는 임의의 값이며 언제든 변할 수 있다. 하지만 본질은 그 가격표에 찍히는 숫자가 아닌 자산이 가진 가치와 본질이다.

> "단지 주가가 올라간다고 해서 우리의 판단이 옳았다고 보면 안 된다. 반대로 단지 주가가 내려간다고 해서 우리의 판단이 틀렸다고 보면 안 된다." _피터 린치

인내 Patience

인내심이 부족한 투자자는 빨리 돈을 벌기를 원한다. 그가 5달러에 구입한 주식이 20달러로 오를 것이라 믿어 의심치 않지만, 주가는 이내 3달러로 내리꽂는다. 이내 사람들은 혼란스러워한다.

모든 근거가 주가 상승을 가리키는데 주가가 곤두박질치니 혼란 중 몇몇은 주식을 급하게 팔아 치운다. 하지만 이들이 매도하는 순간 그들이 팔기를 기다렸다는 듯 주식은 반등을 시작하고 이내 다시 5달러

로 가격을 회복한다. 이때 몇몇은 원금을 회수했다는 생각에 주식을 구매했던 가격에 팔고 시장을 떠난다. 하지만 이때부터 주식은 기다렸다는 듯 상승 랠리를 펼친다.

【 감정에 휩쓸려 잘못된 방향으로 가는 경우[12] 】

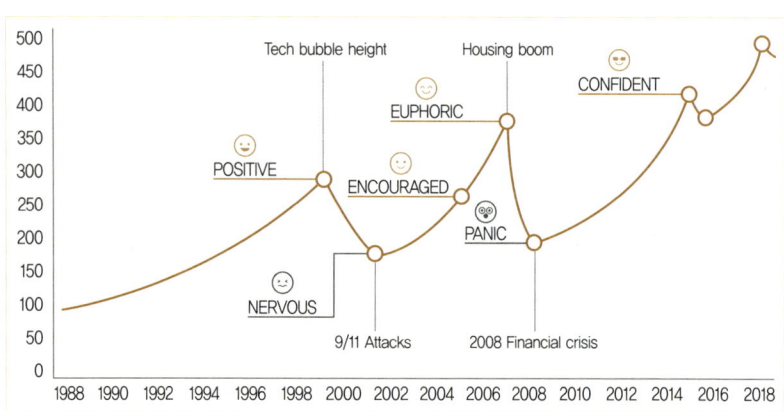

주가가 7달러에 도달했을 때쯤, 이미 투자자의 1/3은 3달러에 손실을 보고 팔았고, 또 다른 1/3은 원금에 주식을 모두 처분했다. 이후 주식은 10달러까지 치솟는다. 7달러에 매도한 사람 중 절반 이상은 다시 10달러에 주식을 매수한다. 주가는 11달러까지 오르는가 싶더니 다시 7달러로 회귀한다. 이 주식이 지속가능한 투자대상인지 아닌지에 따라, 주가가 7달러로 다시 돌아왔을 때 투자자가 취하게 되는 스탠스가 명확히 달라진다. 지속가능한 대상은 가격이 내려오면 사 모으면 그만이지만 그렇지 않은 투기용 자산은 더 큰 손실을 보기 전에 손절해야 한다.

지속가능성은 수요의 연속성을 의미한다. 식당으로 비유하자면 50년 동안 꾸준히 운영해 온 국밥집은 지속가능성이 있는 비즈니스라고 볼 수 있다. 유행을 타지 않지만, 꾸준한 수요에 의해 꾸준히 매출을 올릴 수 있는 연속성이 있는 사업인 셈이다.

반대로 유행을 탔던 버블티나 탕후루 매장들의 경우 엄청난 열기로 너도나도 전국 곳곳에 가게를 오픈할 만큼 인기가 뜨거웠지만, 유행이 끝나고 열기가 식자 대부분의 가게가 폐업하였다. 이처럼 지속가능성이 없는 것들은 곧 연기 속으로 사라진다.

그러므로 다음과 같은 질문을 던져보아야만 한다. 내가 투자하는 대상이 지속가능성이 있는지, 쉽게 대체되거나 경쟁에 취약한 사업체는 아닌지, 혹은 정부의 규제나 제3자의 개입으로 가치가 훼손될 수 있는 것은 아닌지 생각해 보아야 한다.

무엇보다 나의 투자철학과 원칙이 지속가능성에 기반한 것인지가 가장 중요하다. 아무리 좋은 회사의 주식을 구입하더라도 나의 투자철학·원칙이 뒷받침되지 않으면 자본주의 게임에서 승리할 수 없다.

ESG - Environment Social Governance

ESG는 지속가능성을 나타내는 대표적인 지표다. 거대 자산운용사와 애널리스트들이 2000년도 중반부터 사용한 이 지표는 기업의 지속가능성을 가늠하기 위해 다음의 기준을 가지고 지속가능성을 판단한다.

① 환경 Environment

ESG의 첫글자 E는 Environment(환경)를 뜻한다. 기업이 환경에 미치는 긍정적·부정적 영향이 무엇인지 판단하고 그로 인해 파생되는 이점 혹은 단점과 리스크를 예측한다. 정부는 환경을 위해 규제를 만들고 바꾸며 이는 궁극적으로 기업의 영업이익에 영향을 미치게 되기 때문에 지속가능성을 판단하는 데 중요한 요소로 작용한다. 환경에 위해를 가하는 기업은 정부의 환경보호 정책에 의해 기필코 운영에 제동이 걸리게 된다.

② 사회 Social

다음 글자 S는 Social(사회)를 뜻하며, 기업이 사회에 미치는 영향을 측정한다. 직원복지, 평등, 사회봉사, 고객만족도 등 기업이 사회 전반적으로 어떠한 기여를 하고 있으며 사회에 어떠한 영향을 미치고 또 어떠한 사회적 이미지를 가졌는지를 분석한다. S는 사회적으로 영향을 미치는 기업에 대한 고객 충성, 선호도, 불매운동 등 영업이익에 영향을 미치는 요소로 작용한다. 사회적 요소가 부실하면 기업은 인재를 잃거나 인기를 잃고 여러 나비효과를 경험하고 결과적으로 영업이익이 감소하게 된다.

③ 경영 Governance

ESG의 마지막 글자 G는 Governance(경영), 즉 경영을 책임지는 경영인들의 의사결정 체계를 분석한다. 최고책임경영자의 보수·보상체계, 이사회를 구성하는 이사진의 퀄리티와 주주 권한, 그리고 기업경영의 투명성 등을 조사하고 이에 따라 기업이 가지는 경쟁력 또는 리스크를 측정한다. 기업의 결정권자인 경영인들에 대한 분석인 만큼 그들의 의사결정 체계가 지속가능성을 띠고 장기적으로 주주들에게 이익을 가져올 수 있는 체계인지를 판가름하는 중요한 판단요소가 된다.

전문가에게 맡겨야 하는 이유

당신이 고장 난 집이나 전등을 고치기 위해 전기기사를 부르거나, 열쇠 전문가에게 찾아가거나, 가전 수리기사 등의 전문가들에게 도움을 청하는 것처럼 투자 또한 스스로 전문지식을 겸비하고 있지 않다면 전문가의 조언을 따르거나 그들의 도움을 받는 것이 현명한 결정이 될 수 있다.

1~2%의 비용을 지급하더라도 전문가와 함께해 당신의 자산을 지키고 지속가능성을 갖출 수 있다면 이미 비용에 대한 값어치는 한 셈이다. 실제로 자산관리사와 투자자문가가 비용에 대한 값어치를 하는가에 대한 조사가 십수 년간 진행되었다. 그리고 실제로 그 가치가 입증되었기 때문에 여전히 수많은 자산관리사 역할이 살아남았다고 볼 수 있다. 그들이 고객에게 아무런 이점도 가져다주지 못한다면 컴퓨터 기술에 대체되거나 이미 이 세상에서 사라졌을 테니 말이다.

그렇다고 모든 자산관리사가 가치를 가진다거나, 반드시 자산관리사를 통해 투자를 해야 하는 것은 아니다. 모든 결정은 개개인의 성향과 상황에 맞게 내려야 한다.

그렇다면 자산관리사가 가져다주는 이점은 무엇일까?

첫째, 감정의 배제

투자에 있어서 가장 큰 걸림돌은 인간의 감정과 심리라고 볼 수 있다. 스스로 감정과 심리를 컨트롤하지 못해 스스로 손실을 야기할 수 있는 사람이라고 판단된다면 자산관리사라는 신뢰할 수 있는 제3자를 통해 포트폴리오를 관리할 수 있다.

개인투자자들이 종종 걱정하는 것이 있다. 자산관리사와 일하게 되면 자신의 투자금을 제멋대로 관리할 것이라는 오해다. 자산관리사는 당신의 돈을 쥐고 마음대로 하는 사람이 아니다. 당신과 수 시간의 미팅을 통해 당신의 성향을 파악해 포트폴리오를 추천하고 당신의 의견을 최우선으로 해 당신의 투자파트너로 오랜 시간 함께 일하는 역할이라고 보는 것이 적합하다. 그러므로 감정과 심리적 관제탑이 필요하다고 판단된다면 자산관리사를 물색해 보는 것이 장기적으로 큰 도움이 될 수 있다.

둘째, 정보의 폭과 깊이

자산관리사는 기관과 다양한 금융 분야 커뮤니티에 속해 있는 경우가 일반적이다. 그러므로 그들의 정보력은 대다수 개인투자자들보다 뛰어날 수밖에 없다. 정보는 곧 기회이며 수익률로 연결되는 경우도 많다.

또한 개인투자자로서 입수한 정보의 가치나 진위성을 판단하는 데 도움을 줄 수도 있다. 당신이 어떠한 정보를 입수해 투자아이디어를 내었다고 가정해 보자. 정보에 오류가 있거나 정보 자체가 허위라면 이 투자아이디어는 시한폭탄이 된다. 하지만 누군가 이 정보나 아이디어를 검증해 줄 수 있다면 리스크가 줄어드는 효과를 볼 뿐 아니라 집단지성을 통해 더 훌륭한 투자아이디어로 변환시키는 것마저 가능하다.

셋째, 자산규모에 따른 합리성

자산관리사가 제공할 수 있는 위 두 가지 가치를 누리기 위해선 자산관리사 입장에서도 합리적인 관계여야 한다. 당신이 10억 정도의 투자금을 가지고 있다면 연간 1% 비용을 가정할 때 천만 원은 자산관리사 입장에서 충분히 당신의 포트폴리오 관리를 위해 시간을 할애할 만하다. 한 고객의 투자금 규모가 1억 원 미만이라면 자산관리사 입장에서 의미 있는 양의 시간을 할애해 양질의 정보와 피드백을 주기 어려울 수도 있다. 그렇다고 해서 포트폴리오 관리를 소홀히 할 것이라는 이야기는 아니다. 다만 클라이언트의 요구사항이 방대한 양의 시간을 할애해야 하는 것이라면 능력 있는 자산관리사는 파트너십 체결을 거절할 수도 있다는 점을 기억하자.

목표는 수익이 아닌 '사고방식의 전환'

나는 이 자본주의 게임에서 노동자와 자본가를 나누는 기준이 개인의 사고방식이라고 말한다. 올바른 사고방식을 갖는 것은 진부하게 들리지만 상당한 노력이 요구된다. 그렇지만 누구든지 잘못된 정보를 필터링하고 올바른 관념을 습득한다면 자본가의 사고방식을 가질 수 있다.

비유적 예시로 워런 버핏에게 훈련을 받은 투자자들은 그와 같은 사고방식을 가지며 비슷한 투자능력을 갖출 수 있다. 이처럼 우리가 소위 백만장자라고 부르는 자본가들은 대체로 유사한 사고방식을 가지고 있다.

그들은 같은 방식으로 자본주의를 바라본다. 마찬가지로 노동자들 또한 서로 유사한 사고방식을 갖는다. 자본가와 노동자가 만나 돈에 대한 대화를 나누면 서로의 사고방식을 이해하지 못하는 경우가 많다. 노동자들은 자본가들의 대화를 듣고 허무맹랑한 이야기라고 생각하거나 너무 리스크가 크다며 비평한다. 반대로 자본가들은 노동자들의 사고방식이 틀에 갇혀 있으며 유연하지 못하다고 생각하기도 한다.

자본가가 되고 싶다면 자본가들과 어울리며 그들의 생각과 사고방식을 배우면 된다. 물론 그것이 말처럼 쉽지는 않다. 그들의 사회적 바운더리 안으로 들어가는 것, 그들과 대화할 수 있는 지식과 교육배경을 갖추는 것, 180도 다른 타인의 사고방식을 내 것으로 만드는 것 그리고 실제로 그것을 실천하는 것은 단계적 노력이 요구된다.

   대부분의 개인들은 이 책에 담긴 내용을 깨닫기 위해 재무전공 학위를 취득하고, 금융업계에 몸담으며 끊임없는 자기계발과 시행착오를 겪는다. 적어도 나 자신과 지금껏 만나온 대다수의 사람들이 그러했다. 하지만 당신은 그럴 필요가 없게 된 셈이다.

UNKNOWN
RICH

에필로그

지식은 질문을 통해 완성된다

    자본주의 사회에서 투자란 시스템 상에서 도태되지 않기 위해 반드시 필요에 의해 해야 하는 행위이다. 당신의 투자대상이 무엇이건 간에 반드시 책에서 제시한 기준들에 부합하고 있어야 한다는 것이 핵심이다. 지속가능성에 대해 끊임없이 되뇌길 바란다.
    돈이 시간을 타고 흘러 들어갈 수밖에 없는 대상이라면 그 가치와 가격은 자연스럽게 상승한다.
    변동성을 이해하고 받아들여라. 당신이 일확천금에 눈이 먼 도박이 아니라 지속가능하고 구조적으로 우상향할 수밖에 없는 대상에 투자했다면 걱정할 것이 없어야 마땅하다.
    세상은 기득권층에 의해 움직인다. 구조적인 것에 집중해라. 사람들은 대부분 어떤 대상에 투자해야 단기간에 높은 수익을 거둘 수 있는지 묻는데 정신이 팔려있지만 투자대상은 상시 변한다. 구조적인 것에 집중한다면 어디에 나의 돈을 흘려보내야 할지 자연스럽게 알게 된다.
    우리는 너무나도 쉽게 기득권층이 어디에 돈을 쏟아붓고 있는지 눈치챌 수 있는 세상에 살고 있다. 스스로 투자대상을 정할 수 없다면 그들을 벤치마킹해라. 미국을 이끄는 대통령 트럼프와 세계를 선도하는 일론 머스크, 투자계의 전설 워런 버핏, 오랜 기간 IT업계를 선도해 온 소수의 기관들 등등 당신의 눈을 두어야 할 곳은 세계의 정상으로 정해져 있다. 그들은 구조를 만들고 규칙을 수호하며 자본주의 체계를 지탱한다.

당신은 자본가로 거듭날 준비가 되었는가?

감사의 말

수없이 많은 책 중 나의 책을 읽어준다는 것은 감사한 일이다. 감사함에 대한 보답으로 실천할 수 있는 책을 남기고 싶었다.

1. 다음을 기록하기: 월 수입, 고정지출, 변동지출, 고정저축 액수
   ⇒ 소비성향 파악
2. 기록한 액수를 %로 표기하기: (각 목록 액수/월수입 총액) × 100%
   ⇒ 파악한 소비성향을 백분율로 기록하게 되면 분석과 조절이 수월해진다.
3. 증권계좌 만들고 입금하기
   ⇒ 시작이 반이다. 지수펀드, 주식, 부동산펀드 등 뭐든 적은 금액으로 매수해라. 손실을 보게 되더라도 배움을 통해 궁극적으로 도움이 된다.
4. 자신의 투자 목표와 목표를 이루기까지 필요한 시간 파악 후 기록하기
   ⇒ 시작했다면 책에서 배운 내용을 적용할 차례다.
5. 내가 감당할 수 있는 최대의 변동성: 하락폭 상상해 보기
   ⇒ 원칙을 정해라.
6. 포트폴리오가 -50%만큼 하락한다면 어떻게 대응할 것인지 생각

하기

⇒ 원칙은 체계화다. 손실을 야기하는 인간의 감정을 배제시켜 주고 기회를 포착하게 도와준다.

7 QQQ, SPY, 주식, 부동산, 채권 등 투자 기간과 변동성 민감도를 고려하여 투자대상 선택 후 매입하기

⇒ 이제 지속가능한 대상에 돈을 저장할 차례다.

8 매월 지정한 투자대상으로 자동 저축되도록 자동화설정하기

⇒ 자동분할매수는 장기적으로 그리고 궁극적으로 당신의 수익률을 높여줄 것이다.

9 투자 원칙을 계속해서 복기하기

⇒ 원칙을 세운다고 끝이 아니다. 실패를 통해 배우고 내가 정한 원칙을 끊임없이 스스로 되뇌이지 않으면 결국 새로운 정보나 가치관에 의해 잃어버리게 된다.

10 특히 지속가능성과 구조적 탄성에 집중하기

⇒ 9번의 연장이다. 본질을 잊지 않기 위해 노력해라.

"불확실성을 감수하고 주식에 투자하는 사람이 얻는 가장 커다란 이점은 올바른 선택에 대해 이례적인 보상을 받는다는 사실이다. … 주식투자로 성공하는 자질은 인내심, 자신감, 장식, 고통에 대한 내성, 초연함, 고집, 겸손, 유연성. 독자적으로 조사하려는 의지, 실수를 기꺼이 인정하는 태도, 전반적인 공포를 무시하는 능력이다. 인간 본성과 육감을 버텨내는 것이 중요하다." _피터 린치

주

1 Gill, Sunil. "League Of Legends Player Count & Stats 2025." Priori Data, https://prioridata.com/data/league-of-legends/. Accessed 6 January 2025.

2 Saylor, Michael. 2020, https://x.com/saylor/status/1330150691671846919?mx=2. Accessed 2025.

3 Wikipedia. "매슬로의 욕구단계이론." 위키백과, https://ko.wikipedia.org/wiki/%EB%A7%A4%EC%8A%AC%EB%A1%9C%EC%9D%98_%EC%9A%95%EA%B5%AC%EB%8B%A8%EA%B3%84%EC%9D%B4%EB%A1%A0. Accessed 6 January 2025.

4 Alemán, Pedro Romero. https://www.emerics.org:446/issueDetail.es?brdctsNo=321110&mid=a10200000000&systemcode=06.

5 https://www.mk.co.kr/news/stock/10981458

6 Mitchell, Cory. "Historical Average Stock Market Returns for S&P 500 (5-year to 150-year averages)." Trade That Swing, 12 September 2024, https://tradethatswing.com/average-historical-stock-market-returns-for-sp-500-5-year-up-to-150-year-averages/. Accessed 6 January 2025.

7 https://futurechosun.com/archives/101360#:~:text=OECD%EA%B0%80%20%EC%A7%80%EB%82%9C%ED%95%B4%20%EA%B3%B5%EA%B0%9C%ED%95%9C,%EC%86%8C%EB%93%9D%20%EB%B9%88%EA%B3%A4%EC%9C%A8%EC%9D%80%2040.4%25%EC%98%80%EB%8B%A4.

8 https://www.khan.co.kr/article/202408221200001

9 Global Asset Management, RBC. Time in the market vs. timing the market. Time in the market vs. timing the market, https://www.rbcgam.com/documents/en/advisor-support/time-in-the-market-vs-timing-the-market.pdf.

10 Lynch, Peter. "Peter Lynch: Stocks are NOT Lottery Tickets." Peter Lynch: Stocks are NOT Lottery Tickets, https://www.youtube.com/watch?v=HLQGsE0H4cs.

11 Byrne, Rhonda. The Secret. 2006.

12 https://www.fidelity.co.kr/insight-and-learning/learn-about-investing/what-is-volatility/volatile-times

언노운 리치

초판 1쇄 인쇄	2025년 08월 28일
초판 1쇄 발행	2025년 09월 05일
지은이	제유종
펴낸이	김양수
책임편집	이정은
교정교열	연유나
펴낸곳	휴앤스토리
	출판등록 제2016-000014
	주소 경기도 고양시 일산서구 중앙로 1456 서현프라자 604호
	전화 031) 906-5006
	팩스 031) 906-5079
	홈페이지 www.booksam.kr
	이메일 okbook1234@naver.com
	블로그 blog.naver.com/okbook1234
	페이스북 facebook.com/booksam.kr
	인스타그램 @okbook_
ISBN	979-11-93857-23-6 (03320)

* 이 책은 저작권법에 의해 보호를 받는 저작물이므로 무단전재와 무단복제를 금지하며, 이 책 내용의 전부 또는 일부를 이용하려면 반드시 저작권자와 휴앤스토리의 서면동의를 받아야 합니다.
* 책값은 뒤표지에 있습니다.
* 파손된 책은 구입처에서 교환해 드립니다.
* 이 도서의 판매 수익금 일부를 한국심장재단에 기부합니다.

휴앤스토리, 맑은샘 브랜드와 함께하는 출판사입니다.